MARCEL
BREUER
DESIGN

MAGDALENA DROSTE · MANFRED LUDEWIG · BAUHAUS ARCHIV

MARCEL
BREUER
DESIGN

BENEDIKT TASCHEN

UMSCHLAGVORDERSEITE:
11 b Wassily-Sessel, Bauhaus Dessau, 1926
UMSCHLAGRÜCKSEITE:
Vgl. Abb. S. 51, 65, 121, 71, 116/117
SCHMUTZTITEL:
Marcel Breuer, 1925–1927
Foto: Anonym
FRONTISPIZ:
Marcel Breuer, 1949
Foto: Anonym

FRONT COVER:
11 b Wassily armchair, Bauhaus Dessau, 1926
BACK COVER:
Cf. ill. pp. 51, 65, 121, 71, 116/117
FLY TITLE:
Marcel Breuer, 1925–1927
Photo: Anonymous
FRONTISPIECE:
Marcel Breuer, 1949
Photo: Anonymous

PREMIERE PAGE DE COUVERTURE:
11 b Fauteuil Wassily, Bauhaus Dessau, 1926
DOS DE COUVERTURE:
Cf. repr. pp. 51, 65, 121, 71, 116/117
PAGE DE GARDE:
Marcel Breuer, 1925–1927
Photo: Anonyme
FRONTISPICE:
Marcel Breuer, 1949
Photo: Anonyme

Herausgegeben vom Bauhaus-Archiv
Museum für Gestaltung
Klingelhöferstraße 14, D-1000 Berlin 30
Verantwortlich: Peter Hahn
Konzeption: Mandfred Ludewig, Magdalena Droste
© 1992 Benedikt Taschen Verlag GmbH
Hohenzollernring 53, D-5000 Köln 1
Mit freundlicher Genehmigung von Constance L. Breuer, New York
Redaktion: Angelika Muthesius, Köln
Biographie, Bibliographie: Karsten Hintz, Berlin
Buchgestaltung: Peter Feierabend, Berlin
Farbfotos: Gunter Lepkowski, Berlin
Restaurierung: Reinhard Kühnemuth, Berlin
English translation: Karen Williams, London, Michael Scuffil, Leverkusen (Captions)
Traduction française: Marie-Anne Trémeau-Böhm, Cologne
Reproduktionen: ORD, Gronau
Satz: Utesch Satztechnik GmbH, Hamburg
Gesamtherstellung: Neue Stalling, Oldenburg
Printed in Germany
ISBN 3-8228-9759-0

Inhalt

Contents

Sommaire

Vorwort

Marcel Breuer gilt als einer der bedeutendsten Designer des 20. Jahrhunderts. In seinem Werk haben sich Zweckmäßigkeit und Schönheit auf eine Weise verbunden, die zum gültigen Ausdruck ihrer Zeit wurde und diese zugleich weit überragte.

Fast von Beginn an gehörte Breuer zu den erfindungsreichsten Köpfen des Bauhauses, dessen Anspruch, für die Serienproduktion zu gestalten, er wie kaum ein anderer einlöste. Ging er als Bauhaus-Tischler zunächst mit dem herkömmlichen Werkstoff Holz neue Wege, so machte er 1925/26 mit der revolutionierenden Erfindung des Stahlrohrsessels Epoche. Die daraus, von ihm und anderen, entwickelten Möbel – technisch kühl, aber leicht, elegant und klar – wurden zu Symbolen der Modernität schlechthin. Daß sie vielseitig einsetzbar waren, bewies er selbst mit Innenraumgestaltungen, bei denen er auf höchst individuelle Wünsche einging. Ungeachtet des Erfolges seiner Stahlrohrmöbel blieb Breuer keineswegs diesem Material verhaftet. In der Folge befaßte er sich gleichermaßen souverän mit Aluminium und Sperrholz. Dabei nutzte er diese neuen Werkstoffe, die mit neuen Technologien verbunden waren, und schuf zugleich neue Formen, die nicht selten spätere Entwicklungen des Möbeldesigns vorwegnahmen. Schließlich wurde der gelernte Tischler, der sich selbst zum Architekten weitergebildet hatte, obschon er in seinen deutschen Jahren nur wenige seiner Entwürfe realisieren konnte, zu einem der wichtigsten und meistbeschäftigten Baumeister seiner Generation. Dies jedoch ist nicht mehr das Thema des vorliegenden Buches, das sich auf die Arbeit des Möbelentwerfers und Designers während der 20er, 30er und 40er Jahre in Deutschland, der Schweiz, England und den Vereinigten Staaten konzentriert.

Buch und Ausstellung ehren den 90. Geburtstag Marcel Breuers mit einer Zusammenstellung seiner Entwürfe, wie sie so qualitätsvoll und umfassend bisher nicht zu

Preface

Marcel Breuer is considered one of the most important designers of the 20th century. His work unified functionality and beauty in a way that was to become a valid expression of its time and simultaneously far ahead of it.

Virtually from the outset, Breuer was one of the most prolific and inventive designers at the Bauhaus, and as perhaps no other, he fulfilled its claim to create designs for serial production. As a Bauhaus furniture-maker he began with the traditional material, wood, for which he devised new and unconventional forms. Then, in 1925/26, he created the tubular-steel armchair, which revolutionized design and technique in the field, marking the advent of a new era. The furniture that was developed, by Breuer and by others, from this design – technically cool, but light, elegant and clear – became the very symbol of modernism. It was Breuer himself who proved that the furniture designs could be employed in a wide variety of ways, with interiors which he tailored to suit highly individual wishes. Despite the success of his tubular-steel furniture, Breuer went on to explore the use of other materials, such as aluminium and plywood, and he was no less skilful in dealing with them. He made use of these new materials, which were associated with new technologies, to create new forms, as it were, some of which proved to be forerunners of later developments in furniture design. The master craftsman, who had educated himself in architecture, but was able to execute very few of his designs during his German years, ultimately became one of the most important and highly commissioned architects of his generation.

This aspect, however, is not to be the subject of this book, which concentrates on Breuer's work as a designer of furniture and interiors during the twenties, thirties and forties in Germany, Switzerland, England and the United States. The book and the exhibition, which have been prepared

Préface

Marcel Breuer est considéré comme l'un des plus grands designers du XXe siècle. Dans son œuvre, utilité et beauté sont liées d'une manière qui est devenue l'expression de leur époque tout en la dépassant de loin.

Presque dès le début, Breuer a fait partie des esprits les plus inventifs du Bauhaus; il s'est acquitté comme peu d'autres de la prétention qu'avait ce dernier de créer pour la production en série. En sa qualité d'ébéniste du Bauhaus, il a d'abord pris une nouvelle voie avec le bois pour faire époque en 1925/26 avec l'invention révolutionnaire du siège en tubes d'acier. Les meubles qu'il a développés avec d'autres – techniquement froids, mais légers, élégants et nets – sont tout simplement devenus les symboles de la modernité. Il a prouvé que ces meubles pouvaient être utilisés à des fins diverses en aménageant des intérieurs, dans lesquels il répondait à des désirs tout à fait individuels. Malgré le succès de ses meubles en tubes d'acier, Breuer n'est aucunement resté attaché à ce matériau.

Par la suite, il s'est occupé d'une manière tout aussi souveraine de l'aluminium et du contreplaqué. Il a employé ces deux nouveaux matériaux, qui étaient liés à de nouvelles technologies, et a créé en même temps de nouvelles formes anticipant souvent sur les développements ultérieurs du design du meuble. Pour finir, l'ébéniste qualifié, qui s'était lui-même perfectionné comme architecte, devint – bien qu'il n'ait pu réaliser que quelques projets pendant les années qu'il passa en Allemagne – l'un des architectes les plus importants et les plus occupés de sa génération. Toutefois, ceci n'est plus le thème du présent livre qui se concentre sur le travail du concepteur de meubles et du designer pendant les années 20, 30 et 40 en Allemagne, en Suisse, en Angleterre et aux Etats-Unis.

Le livre et l'exposition rendent honneur au 90e anniversaire de la naissance de Marcel Breuer avec un assortiment de projets qui est, au point de vue qualité et quantité,

Die Meister auf dem Dach des Bauhausgebäudes, 1926. Von links nach rechts:

Masters on the roof of the Bauhaus building, 1926. Left to right:

Les maîtres sur le toit du bâtiment du Bauhaus, 1926. De gauche à droite:

Josef Albers, Hinnerk Scheper, Georg Muche, László Moholy-Nagy, Herbert Bayer, Joost Schmidt, Walter Gropius, Marcel Breuer (ohne Hut / hatless / sans chapeau), Wassily Kandinsky, Paul Klee, Lyonel Feininger, Gunta Stölzl, Oskar Schlemmer.

Photo unbekannt / unknown / inconnu; Centre Pompidou, Paris

sehen waren. In diesem Zusammenhang konnte man sich auf die Sammlung des Bauhaus-Archivs sowie auf die Design-sammlung von Manfred Ludewig stützen, der auch, gemeinsam mit Magdalena Droste und dem Verlag, das Konzept von Buch und Ausstellung entwickelte. Ihnen ist es zu verdanken, daß die Möbel Breuers in ihren wichtigsten und schönsten Schöpfungen so gezeigt werden können.

Peter Hahn
Bauhaus-Archiv

in honour of Marcel Breuer to mark the occasion of his 90th birthday, present his designs in a collection of unprecedented quality and breadth. The project was able to draw on the works that have been compiled in the Bauhaus-Archiv as well as the design collection of Manfred Ludewig. The latter also worked in collaboration with Magdalena Droste and the publisher in developing the idea for the book and the exhibition. It is they who have made it possible for the finest and most important creations of Breuer's furniture to be shown in the form presented here.

Peter Hahn
Bauhaus-Archiv

sans précédent. A ce propos, on a pu s'appuyer sur la collection du Bauhaus-Archiv ainsi que sur celle de Manfred Ludewig qui a également développé, en collaboration avec Magdalena Droste et l'éditeur, le concept du livre et de l'exposition. C'est grâce à eux que les plus belles et les plus importantes créations de Breuer peuvent être ainsi montrées.

Peter Hahn
Bauhaus-Archiv

Die Möbel von Marcel Breuer   Marcel Breuer's furniture   Les meubles de Marcel Breuer

»Man sitzt schlecht.« Mit diesem unhöflichen Satz lehnte George Grosz 1925 in seiner Broschüre »Die Kunst ist in Gefahr« Marcel Breuers Lattenstuhl (Abb. S. 6) ab. »Die Möbel aus dem Weimarer Bauhaus ... sind trefflich konstruiert. Und doch sitzt man lieber auf manchem Stuhl, den ganz anonyme Tischler fabrikmäßig herstellen – denn er ist bequemer als der von einem in technischer Romantik schwelgenden Bauhauskonstrukteur entworfene«, schrieb Grosz.[1] Der sozialkritische Maler, dessen Ideal damals der Künstler als Monteur war, hatte damit zwei Kritikpunkte der Öffentlichkeit an den Bauhausmöbeln getroffen: Die Möbel seien Kunstprodukte, außerdem sähen sie unbequem aus. Das Zauberwort, mit dem das Bauhaus in unermüdlicher Pressearbeit diesen Vorwürfen entgegenarbeitete und den Lattenstuhl »erklärte«, hieß »Funktion«. »Das ist *der* Lehnstuhl, ganz aus seinen Funktionen, seiner Aufgabe heraus gestaltet. Es kann gar nicht anders sein.«[2] Tatsächlich begründeten die Bauhäusler jedes Detail, jede Konstruktion an diesem Stuhl:
»Der Ausgangspunkt für den Stuhl war das Problem des bequemen Sitzens, vereinigt mit einfachster Konstruktion. Danach konnte man folgende Forderungen aufstellen:
a) Elastischer Sitz und Rücklehne, aber kein Polster, das schwer, teuer und staubfangend ist.
b) Schrägstellung der Sitzfläche, weil so der Oberschenkel in seiner ganzen Länge unterstützt ist, ohne gedrückt zu werden, wie bei einer waagerechten Sitzfläche.
c) Schräge Stellung des Oberkörpers.
d) Freilassung des Rückgrates, weil jeder Druck auf das Rückgrat unbequem und auch ungesund ist.
Dies wurde durch Einführung einer elastischen Kreuzlehne erreicht. So werden vom Knochengerüst nur Kreuz und Schulterblätter, und zwar elastisch, gestützt, und das empfindliche Rückgrat ist vollständig frei. Alles weitere hat sich als ökonomi-

Marcel Breuer: Holzlattenstuhl, 2. Version, 1923
Marcel Breuer: Wood-slat chair, 2nd version, 1923
Marcel Breuer: Fauteuil en lattis de bois, 2e version, 1923
Photo: Bauhaus-Archiv

»It's uncomfortable«. Thus George Grosz, in his essay »Die Kunst ist in Gefahr« (Art is in Danger) of 1925, rudely dismissed Marcel Breuer's wood-slat chair (ill. p. 6). »The furniture coming out of the Weimar Bauhaus is no doubt excellently built. But one would still rather sit on a chair manufactured by anonymous joiners – because it is more comfortable than one produced by a Bauhaus designer wallowing in technical romanticism«, he wrote.[1] The socio-critical painter, whose ideal then was the artist as engineer, thereby pinpointed two of the public criticisms levelled at Bauhaus furniture: firstly, that its products were works of art, and secondly, that they looked uncomfortable. The magic word with which the Bauhaus, in tireless publicity campaigns, sought both to counter these accusations and to »explain« the wood-slat chair was »function«. »It is *the* easy chair, designed entirely in terms of its functions, its purpose. It could take no other form.«[2] It was a fact that the Bauhäusler – the teachers and students at the Bauhaus – had

«On est mal assis». C'est par cette phrase désobligeante que George Grosz proteste en 1925 contre le fauteuil en lattis (repr. p. 6) de Marcel Breuer dans sa brochure «Die Kunst ist in Gefahr» (L'art est en danger). «Les meubles du Bauhaus de Weimar ... sont parfaitement construits. Et pourtant, on préfère s'asseoir sur maint fauteuil fabriqué en usine par des menuisiers absolument anonymes – car il est plus confortable que celui qui a été conçu par un constructeur du Bauhaus se grisant de romantisme technique», écrivit Grosz.[1] Le peintre socio-critique, dont l'idéal était alors l'artiste en tant que monteur, avait touché là deux critiques que le public faisait aux meubles du Bauhaus: c'est-à-dire que les meubles étaient des produits artistiques et paraissaient en outre inconfortables. Le mot magique, avec lequel le Bauhaus travaillait infatigablement à l'encontre de ces reproches par voie de presse et «expliquait» le fauteuil en lattis, était le mot «fonction». «C'est *le* fauteuil en lattis, entièrement conçu à partir de ses fonctions, à partir de sa mission. Il ne peut absolument pas être différent.»[2] Effectivement, les membres du Bauhaus justifiaient chaque détail, chaque construction de ce fauteuil: «Le point de départ du fauteuil fut le problème de la position assise confortable alliée à la construction la plus simple. Il fut ensuite possible d'exiger ce qui suit:
a) siège et dossier élastiques, mais pas de capitonnage, qui est lourd, cher et est un véritable nid à poussière
b) position inclinée du siège, parce que la cuisse est ainsi soutenue sur toute sa longueur sans être pressée comme dans le cas d'un siège horizontal
c) position inclinée du buste
d) libération de la colonne vertébrale, parce que toute pression exercée sur la colonne vertébrale est à la fois inconfortable et malsaine.
Ce résultat a été obtenu en introduisant un dossier élastique. Ainsi, seuls les reins et les omoplates sont soutenus élastique-

sche Lösung dieser Forderungen herausgestellt. Maßgebend für die Konstruktion war noch das statische Prinzip, die breiteren Dimensionen des Holzes gegen die Zugrichtung des Stoffes und gegen die Druckrichtung des sitzenden Körpers zu stellen.«[3]

László Moholy-Nagy ergänzte die Ausführungen: »Diese Überlegung hat das Skelett des Stuhles bestimmt, ohne die rechtwinklige Holzkonstruktion aufzugeben, die für die Stabilität und Verbilligung der Herstellung bei fabrikmäßiger Produktion wesentlich ist.« »Dieser Stuhl ist, dem englischen Clubsessel gegenüber, ein viel billigeres, leichteres und trotzdem in der Verwendung gleichwertiges Produkt.«[4]

Ist der Lattenstuhl ein Kunstwerk? Heute wird sicher jeder diese Frage mit ja beantworten.

Das Bauhaus stellte hohe Anforderungen an den Stuhl: Er sollte fabrikmäßig produzierbar, bequem sowie gesund sein, und es sollte der Stuhl als Typ sein. Nur ein Kunstprodukt sollte er nicht sein. Kritiker sahen das ganz anders: »Auch der Bauhausstuhl ist eine künstlerische Schöpfung, und es ist gar keine Rede davon, daß er aus technischen Gründen gerade so und nicht anders aussehen müßte. Sondern er sieht so aus, weil ihn der Künstler so will, weil der Stilwille des Künstlers auf rücksichtslose Sachlichkeit und strengste Einfachheit dringt.«[5]

Der ästhetisch und konstruktiv neue »Typ« Stuhl verkörpert den Zeitgeist des Weimarer Bauhauses, das Kunst und Technik zu »neuer Einheit« führen wollte.

Marcel Breuer hatte sich ursprünglich in Wien zum Künstler ausbilden lassen wollen, aber der konservative Geist der Stadt und der Akademie sagten ihm nicht zu. Der ungarische Architekt Fréd Forbát gab ihm den Rat, ans Bauhaus zu gehen, wo Breuer aufgenommen wurde und nach der Absolvierung des obligatorischen Vorkurses ab dem Sommersemester 1921 zu den ersten sechs Tischlerlehrlingen gehörte, die hier ihre Ausbildung begannen.[6]

1919 hatte der Architekt Walter Gropius das Bauhaus in Weimar gegründet, um hier eine neue Generation von Künstlern auszubilden: Der Künstler sollte handwerklich geschult werden, eine Ausbildung als Lehrling und Geselle durchlaufen, um dann, in enger Zusammenarbeit mit anderen, gemeinsam »den Bau der Zu-

thought through every detail and feature of the chair's construction:

»The starting-point for the chair was the problem of creating a comfortable seat and combining it with simple design. This led to the formulation of the following requirements:

a) Elastic seat and back rest, but no heavy, expensive or dust-collecting cushioning.

b) Angling of the seat so that the full length of the upper leg is supported without the pressure arising from a horizontal seat.

c) Angled position of the upper half of the body.

d) Spine left free, since any pressure on it is both uncomfortable and unhealthy.

These requirements were met by introducing an elastic back support. Of the whole skeleton, only the small of the back and the shoulder-blades are supported, and even then elastically, while the sensitive spine is left completely free. Everything else arose as an economic solution to the requirements. The design was decisively influenced by the static principle of offsetting the wider dimensions of the wood against the direction of material stretch and the direction of pressure exerted by the seated body.«[3]

László Moholy Nagy expounded further: »These considerations determined the basic skeleton of the chair, without relinquishing the right-angled wooden construction which is vital both for stability and for reducing manufacturing costs in industrial production... This chair is much cheaper and lighter than the English club armchair, but performs equally well in practice.«[4]

Is Breuer's wood-slat chair a work of art? Most people today would undoubtedly answer »Yes«. The Bauhaus itself expected the chair to fulfil stringent requirements: it was to be mass-producible, comfortable as well as healthy, and was to represent the chair as a standardized furniture type. In no case was it to be a work of art. Critics took a different line: »The Bauhaus chair is also an artistic creation, and the point is absolutely not because it can't look any different for technical reasons. It looks as it does because that's how the artist wants it to look, and because the artist's stylistic vision is one of inconsiderate functionality and the strictest simplicity«.[5]

In its aesthetic and constructive novelty, the »type« chair embodies the spirit of the

ment, et la fragile colonne vertébrale est entièrement libre. Tout le reste s'est révélé être la solution économique de ces exigences. Le principe statique consistant à placer les grandes dimensions du bois contre la direction de traction du tissu et contre la direction de pression du corps assis a également été déterminant pour la construction.»[3]

László Moholy-Nagy compléta les explications: «Cette réflexion a déterminé l'ossature du siège sans abandonner la construction en bois rectangulaire qui est essentielle pour la stabilité et la réduction du prix de construction en cas de fabrication en usine... Par rapport au fauteuil club anglais, ce siège est un produit beaucoup moins coûteux, plus léger et malgré tout semblable dans son utilisation.»[4]

Le fauteuil en lattis est-il une œuvre d'art? Aujourd'hui, tout le monde répondra certainement par l'affirmative à cette question. Le Bauhaus demandait beaucoup au siège: il devait être réalisable en usine, confortable et sain, et représenter le siège en tant que type. Il ne devait en aucun cas s'agir d'un produit de l'art. Les critiques voyaient cela d'une manière totalement différente: «Le siège du Bauhaus est aussi une création artistique, et il ne peut absolument pas être question qu'il doive être

kunft« zu gestalten. Außer einer Tischlerei gab es noch etwa zehn weitere Werkstätten: für Keramik, Metall, Holz- und Steinbildhauerei, für Glas, Textil, für graphische Druckerei, eine Bühnenwerkstatt sowie eine Buchbinderei. Nachdem zahlreiche Anfangsschwierigkeiten überwunden worden waren, leiteten schließlich jeweils zwei Meister eine Werkstatt: ein Meister der Form – der in der Regel Künstler war – und ein Meister des Handwerks. Als Formmeister berief Gropius nach und nach eine Künstlerelite, die den Ruf des Bauhauses als radikal moderne Institution mitbegründete. In den Weimarer Jahren lehrten hier Lyonel Feininger, Gertrud Grunow, Johannes Itten, Wassily Kandinsky, Paul Klee, Gerhard Marcks, Adolf Meyer, László Moholy-Nagy, Georg Muche, Oskar Schlemmer und Lothar Schreyer. Politisch und finanziell war das Weimarer Bauhaus von der jeweiligen Landesregierung abhängig. Deswegen versuchte Gropius, die Schule finanziell auf eigene Beine zu stellen.

Um die Produktion des Bauhauses an die nach dem verlorenen Krieg langsam wiederaufblühende Wirtschaft anzukoppeln, ersetzte Gropius ab 1922 die ursprüngliche Ausrichtung auf Kunst und Handwerk durch die Parole »Kunst und Technik – eine neue Einheit«, die von allen Werkstätten des Bauhauses mitgetragen wurde.

Die Werkstätten richteten Produktivabteilungen ein, die auf der Grundlage von Funktionsanalysen, die jedes Detail gestalterisch begründeten, Typen für Metallgefäße, Keramiken oder Möbel, entwickelten. Dazu gehörte auch Breuers Lattenstuhl, der von 1922 bis 1925 vom Bauhaus in Serie gebaut und verbreitet wurde. Allerdings konnte das Bauhaus mit seinen Typen keine finanziellen Erfolge verbuchen: Zum einen verhinderte die Inflation bedeutende wirtschaftliche Erfolge, zum anderen waren viele der Objekte zu neuartig oder für die Serienherstellung nicht geeignet.

Marcel Breuers erstes Möbel, der »romantische Lehnstuhl« (Abb. S. 9), auch Negerstuhl oder afrikanischer Stuhl genannt, ist nur noch auf einem Foto überliefert. Bei diesem thronartigen Stuhl, handgeschnitzt und handbemalt, handelt es sich um ein Einzelstück, das die repräsentative Ausstrahlung seines Besitzers erhöhen sollte. Sitz und Lehne verweisen schon auf eine

Weimar Bauhaus, where art and technology were to become a »new unity«.

Marcel Breuer had originally thought of studying to be an artist in Vienna, but the conservativism of the city and its Academy were not to his taste. The Hungarian architect Fréd Forbát suggested he should apply to the Bauhaus; Breuer was accepted and, having completed the compulsory preliminary course, became one of the first six apprentices to join the furniture workshop in the summer term of 1921.[6]

Architect Walter Gropius had founded the Bauhaus in Weimar in 1919, as an educational forum which would graduate a new breed of artist. Its students were to receive a practical handicrafts training and progress through the stages of apprentice and journeyman, after which they would be able to co-create, in close collaboration with others, the »building of the future«. In addition to its joinery, the school offered some ten further workshops for ceramics, woodcarving and sculpture, glass, textiles, graphic printing, theatre and bookbinding. Initial organizational problems eventually resolved themselves into a system whereby each workshop was run by two Masters – a Master of Form (who was usually an artist) and a Master of Craft. In appointing his Masters of Form, Gropius gradually built up an élite staff of artists who helped found the Bauhaus' reputation as a radically modern institution. Teachers at the Weimar Bauhaus included Lyonel Feininger, Gertrud Grunow, Johannes Itten, Wassily Kandinsky, Paul Klee, Gerhard Marcks, Adolf Meyer, László Moholy-Nagy, Georg Muche, Oskar Schlemmer and Lothar Schreyer. As a state school, the Weimar Bauhaus was politically and financially dependent upon the regional government of the day. In order to minimize this dependency, Gropius strove to place the school on an independent financial footing.

In 1922, in order to couple Bauhaus production to the post-war economic recovery which was slowly making itself felt, Gropius replaced his original motto of »Art and craft – a new unity« with a new creed to be upheld by all the workshops: »Art and technology – a new unity«. The workshops now set up production departments in which standardized types of metal containers, pottery and furniture were developed on the basis of functional analyses justifying every detail of the final design. One

comme cela et pas autrement pour des raisons techniques. Il est comme cela parce que l'artiste le veut ainsi, parce que la volonté de style de l'artiste insiste sur la sobriété radicale et la simplicité la plus stricte.»[5]

Le «type» de siège esthétiquement et constructivement nouveau incarne l'esprit des années du Bauhaus de Weimar qui voulait conduire l'art et la technique vers une «nouvelle unité».

A l'origine, Marcel Breuer voulait recevoir une formation artistique à Vienne, mais l'esprit conservateur de la ville et de l'académie ne lui plaisait pas. L'architecte hongrois Fréd Forbát lui conseilla alors d'aller au Bauhaus, où il fut accepté et fit partie, après avoir suivi le cours préliminaire obligatoire, des six premiers apprentis-menuisiers qui y commencèrent leur formation à partir du semestre d'été 1921.[6]

En 1919, l'architecte Walter Gropius avait fondé le Bauhaus à Weimar pour y former une nouvelle génération d'artistes: L'artiste devait recevoir une formation artisanale, comme apprenti et comme compagnon, pour réaliser ensuite, en étroite collaboration avec d'autres, «la construction de l'avenir». Outre la menuiserie, il y avait dix autres ateliers: céramique, sculpture sur bois et sur pierre, verre, textile, imprimerie, théâtre et reliure. Une fois que les nombreuses difficultés des débuts eurent été surmontées, chaque atelier fut finalement dirigé par deux maîtres: un maître de la forme – qui était généralement un artiste – et un maître artisan. Peu à peu, Gropius nomma des maîtres de la forme appartenant à une élite artistique qui contribua à fonder la réputation du Bauhaus en tant qu'institution radicalement moderne. Pendant les années de Weimar, Lyonel Feininger, Gertrud Grunow, Johannes Itten, Vassili Kandinsky, Paul Klee, Gerhard Marcks, Adolf Meyer, László Moholy-Nagy, Georg Muche, Oskar Schlemmer et Lothar Schreyer y enseignèrent. Du point de vue politique et financier le Bauhaus de Weimar dépendait du gouvernement, et Gropius a tenté de le rendre financièrement autonome.

Pour attacher la production du Bauhaus à l'économie peu à peu florissante après la guerre perdue, Gropius remplaça en 1922 la devise originelle «Art et artisanat – une nouvelle unité» par «Art et technique – une nouvelle unité» qui fut reprise par tous les

Besonderheit, die viele spätere Breuer-Möbel kennzeichnet: Sie sind aus straff gespannten Gurten, die Breuer in Zusammenarbeit mit Gunta Stölzl aus der Webereiwerkstatt entwickelt hatte. Sie berichtet: »Das war unsere erste Zusammenarbeit. Das Gewebe stammt von mir. Ich habe die ›Kettfäden‹ direkt durch die im Rahmen angebrachten Löcher gezogen und gespannt und auf dem Stuhl selbst den Eintrag eingewebt... es waren ganz frei erfundene Formen ohne Wiederholungen...«[7]

Mit den Möbeln für das Haus Sommerfeld (Abb. S. 38) schuf Breuer noch im gleichen Jahr einen Kontrapunkt zur handwerklichen Romantik. Breuer stattete die Diele des von Gropius und Meyer entworfenen Hauses am Berliner Asternplatz mit zwei Sesseln und einem Tisch aus, ein verwandter Tisch entstand offenbar gleichzeitig für einen privaten Auftraggeber (Abb. S. 38). Als Ausgangspunkt diente Breuer der Typ des Clubsessels, wie er dem repräsentativen Wohn- oder Herrenzimmer entstammte. Formale Ausgangspunkte waren aber Quadrat, Kubus und Kreis, damals das ABC der Gestaltung am Bauhaus, wie es auch Johannes Itten, der künstlerische Formmeister der Tischlereiwerkstatt, lehrte. Breuer verwendete die neue »elementare« Formsprache, aber die von ihm realisierte Raumauffassung der Möbel blieb traditionell. Sie verdrängten den Raum, statt ihn zum Thema zu machen. Diesen Zwiespalt zwischen Form und Raum sollte Breuer erst in seinen späteren Möbelentwürfen erkennen und bewältigen.

Seit April 1921 hielt sich Theo van Doesburg, der niederländische Mitbegründer der De-Stijl-Bewegung in Weimar auf und versuchte das Bauhaus von den Ideen der De Stijl-Künstler zu überzeugen. Die De-Stijl-Künstler, die sich 1917 in den Niederlanden zu einer Gruppe zusammengeschlossen hatten, wollten eine neue, allgemeingültige Kunst schaffen, deren Basis die Grundfarben und elementaren Raumbeziehungen waren. Sie kritisierten die starke, subjektiv-expressionistische Ausrichtung des Bauhauses, obwohl ja auch hier Grundfarben und Grundformen Ausgangspunkte der Gestaltung waren. Breuer besuchte zwar den De-Stijl-Kursus nicht, begriff aber die De-Stijl-Grundsätze als gestalterische Herausforderung.

Gerrit Rietvelds schon 1917 entstandener such type was Breuer's wood-slat chair, which was manufactured and distributed by the Bauhaus from 1922 to 1925. The school nevertheless failed to record any financial successes with its types, due both to escalating inflation and to the fact that many of its products were either unsellably novel or unsuitable for serial production.

Marcel Breuer's first furniture item, the »romantic chair« also called »Negro« or »African chair« (ill. p. 9), is known only from a photograph. Carved and painted by hand, the throne-like chair – of which only one example was ever built – was designed to heighten the aura of wealth and power surrounding its owner. The seat and arms of the chair employed the taut strips of woven upholstery which were to characterize so much of Breuer's later work, and which he developed in conjunction with Gunta Stölzl from the weaving workshop. »That was the first time we worked together«, she later recalled. »I produced the fabric. I threaded and tautened the ›warp‹

Marcel Breuers erstes Möbel: »Romantischer Lehnstuhl« oder »Afrikanischer Stuhl«, 1921

Marcel Breuer's first furniture item: »Romantic chair«, also called »African chair«, 1921

Le premier meuble de Marcel Breuer: «Fauteuil romantique» ou «Fauteuil africain», 1921

Photo: Bauhaus-Archiv

ateliers du Bauhaus. Ils installèrent des sections de production qui développaient des types de récipients de métal, céramiques ou meubles sur la base d'analyses fonctionnelles justifiant chaque détail par rapport à la création. Le fauteuil en lattis de Breuer, qui fut construit en série et diffusé de 1922 à 1925 par le Bauhaus, en faisait également partie. Toutefois, le Bauhaus ne put pas enregistrer de succès financiers avec ses types: d'une part, l'inflation faisait obstacle aux grands succès économiques et d'autre part, beaucoup d'objets étaient trop nouveaux ou impropres à la production en série.

Le premier meuble de Marcel Breuer, le «fauteuil romantique» (repr. p. 9), également appelé «fauteuil nègre» ou «fauteuil africain», nous est seulement parvenu sous forme de photo. Ce fauteuil aux allures de trône, sculpté et peint à la main, est une pièce unique destinée à augmenter le rayonnement représentatif de son propriétaire. Le siège et le dossier du fauteuil renvoient déjà à une particularité qui caractérise de nombreux meubles ultérieurs de Breuer: ils sont faits de sangles fortement tendues que Breuer avait élaborées en collaboration avec Gunta Stölzl de l'atelier de tissage. Celle-ci raconte: «C'était notre première collaboration... Le tissu est de moi. J'ai directement tiré et tendu les ‹fils de chaîne› au travers des trous percés dans le cadre et ai réalisé la trame sur le fauteuil même... C'étaient des formes librement inventées sans répétitions...»[7]

Avec les meubles destinés à la maison Sommerfeld (repr. p. 38), Breuer créa la même année un contrepoint au romantisme artisanal. Breuer décora le vestibule de la maison conçue par Walter Gropius et Adolf Meyer près de l'Asternplatz à Berlin avec deux fauteuils et une table. Une table semblable fut apparemment créée simultanément pour un commanditaire privé (repr. p. 38). Le type du fauteuil club, tel qu'il provenait de la salle de séjour ou du cabinet de travail représentatif, lui servit de point de départ. Les points de départ formels étaient toutefois le carré, le cube et le cercle, à l'époque l'ABC de la création au Bauhaus, comme l'enseignait également Johannes Itten, le maître de la forme artistique de l'atelier de menuiserie. Breuer utilisait le nouveau langage formel «élémentaire», mais la conception spatiale des

Haus Sommerfeld. Eingangshalle. Schnitzereien an der Treppe von Joost Schmidt, Sessel von Marcel Breuer, 1921

Sommerfeld house, entrance hall. Wood-carvings on the stairs by Joost Schmidt, chair by Marcel Breuer, 1921

Villa Sommerfeld, hall. Sculptures d'escalier de Joost Schmidt, fauteuil de Marcel Breuer, 1921

Photo: Bauhaus-Archiv

»Rot-Blau-Stuhl« (Abb. S. 7) diente als Vorbild für Breuers Lattenstuhl sowie für dessen weitere Möbel der Weimarer Jahre bis 1925. Die dünnen, aus Sperrholz gefertigten Sitz- und Rückenflächen ersetzte Breuer durch gespannten Stoff. Waren für den »Rietveld«-Stuhl noch drei unterschiedliche Pfosten bzw. Flächen notwendig, so benutzte Breuer in der letzten Version des Lattenstuhls schließlich nur noch eine Brettstärke. Der Raum wurde nicht mehr verdrängt wie in den schweren »Sommerfeld«-Möbeln, sondern blieb dank der Skelettkonstruktion transparent und erfahrbar.

Im Juni 1923 stellte der Lehrling Breuer sein Gesellenstück fertig, den Toilettentisch der Dame für das Musterhaus am Horn, das das Bauhaus anläßlich einer ersten großen Ausstellung seiner Arbeit errichtet hatte. Funktionale Eleganz und der für ein Gesellenstück angemessene Nachweis perfekter handwerklicher Fertigkeit kennzeichneten das heute nicht mehr erhaltene Möbel aus exotischem Zitronenholz. Der Toilettentisch stand im Zimmer der Dame, dessen weitere Ausstattung ebenfalls von Breuer stammte (Abb. S. 44/45). Darüber hinaus hatte Breuer für das

directly through the holes in the frame and wove the texture onto the chair itself... the forms were freely invented and without repetitions...«[7]

Breuer introduced a bold counterpoint to such hand-crafted romanticism in his furniture for the Sommerfeld House (ill. p. 38) later that same year. The house, which stood on Asternplatz in Berlin, was designed by Gropius and Meyer. Breuer furnished the entrance hall with two armchairs and a table; he appears to have built a similar table at the same time in response to a private commission (ill. p. 38). Breuer started from the standardized type of the club armchair commonly found in the living rooms and studies of wealthy homes. He drew his formal inspiration from the square, the cube and the circle – the geometric ABC of Bauhaus design as then being taught by Itten, artistic Master of Form of the joinery workshop. Despite employing this new »elementary« language of form, Breuer's furniture remained traditional in its relationship to space. It supplanted the space it occupied rather than interacting with it. Only in later furniture designs did Breuer recognize and resolve this conflict between form and space.

meubles réalisés par ses soins demeurait traditionnelle. Ils repoussaient l'espace au lieu d'en faire un thème. C'est seulement dans ses projets de meubles ultérieurs que Breuer parvint à reconnaître et à maîtriser ce conflit entre la forme et l'espace.

A partir d'avril 1921, Theo van Doesburg, le co-fondateur néerlandais du mouvement De Stijl, effectua un séjour à Weimar et tenta de convaincre le Bauhaus des idées des artistes du groupe De Stijl. Ces artistes, qui s'étaient associés aux Pays-Bas en 1917, voulaient créer un nouvel art valable pour tous, dont la base était les couleurs primaires et les rapports spatiaux élémentaires. Ils critiquaient la forte tendance subjective et expressionniste du Bauhaus bien que, là aussi, les couleurs primaires et les formes fondamentales aient été les points de départ de la création. Breuer ne suivit pas le cours relatif au Stijl, mais comprit les principes du mouvement comme défi créateur.

Le «fauteuil rouge et bleu» (repr. p. 7) créé par Gerrit Rietveld en 1917 servit de modèle au fauteuil en lattis de Breuer ainsi qu'aux autres meubles réalisés par Breuer à Weimar jusqu'en 1925. Breuer remplaça les minces surfaces des sièges et des dossiers en contre-plaqué du fauteuil «Rietveld» par de la toile tendue. Alors que trois poteaux ou surfaces différentes étaient encore nécessaires pour le fauteuil de Rietveld, Breuer n'utilisait plus pour finir qu'une seule épaisseur de planche dans la dernière version.

L'espace n'était plus repoussé, comme dans les lourds meubles de la maison Sommerfeld, mais restait transparent et expérimentable grâce à la construction en ossature.

En juin 1923, l'apprenti Breuer termina son travail d'examen de fin d'apprentissage artisanal, la coiffeuse de la chambre de femme pour la maison modèle Am Horn que le Bauhaus avait construite à l'occasion d'une première grande exposition de son travail. Ce meuble en bois de citronnier exotique aujourd'hui disparu était caractérisé par son élégance fonctionnelle et faisait la preuve d'une parfaite habileté artisanale conforme à un travail d'examen de fin d'apprentissage. La coiffeuse se trouvait dans la chambre de la maîtresse de maison, qui était également décorée par Breuer (repr. p. 44/45). Breuer avait en outre conçu la salle de séjour, le bureau (repr. p. 41) de la

Musterhaus auch das Wohnzimmer, den Schreibtisch (Abb. S. 41) für die Wohnzimmernische sowie einen Vitrinenschrank (Abb. S. 42) entworfen.

Ende 1923 wurde Breuer zum Etatgesellen ernannt. Die Etatgesellen erhielten Lohn, damit ihr Lebensunterhalt gesichert war, und sollten als Bindeglieder zwischen Werkstattleitung und den Studierenden wirken, um Arbeitsablauf und Auftragsabwicklung zu gewährleisten. Während dieser Zeit entwarf Breuer eine Reihe von Küchenmöbeln und verschiedene Kindermöbel, die zu den erfolgreichsten Möbelentwürfen des Bauhauses zählten (Abb. S. 50, 51). Von Sommer 1924 bis März 1925 wurden allein 262 Kinderstühle und 32 Kindertische hergestellt. Im gleichen Zeitraum waren 26 Lattenstühle produziert worden.[8]

Breuer gehörte nicht zu den Ideologen oder Theoretikern des Bauhauses, sondern sah seine Aufgabe in der praktischen Lösung: Er freue sich, daß »gearbeitet werde, ohne vor jedem Handgriff zu philosophieren«[9], sagte Breuer. In dem Aufsatz »Form Funktion« von 1924 erläuterte er diesen Standpunkt näher: »Ein Stuhl z. B. soll nicht horizontal-vertikal sein, auch nicht expressionistisch, auch nicht konstruktivistisch, auch nicht rein auf Zweckmäßigkeit hin gearbeitet, auch nicht zu dem Tisch ›passen‹, sondern er soll ein guter Stuhl sein, und dann paßt er zu dem guten Tisch.«[10] Mit dieser Auffassung distanzierte sich Breuer auch von der radikalen De-Stijl-Position und befreite sich von Theorie und Dogmatik. Er sicherte sich dadurch eine gestalterische Freiheit, die zu immer wieder neuen, souveränen Lösungen führte.

Im Herbst des Jahres 1924 hielt sich Breuer einige Monate in Paris auf, um sich dort als Architekt weiterzubilden. Schon früher hatte er in Gropius' privatem Architekturbüro gearbeitet, zu dessen Serienhäusern von 1923 eine Variante entworfen und ein Apartmenthaus (Abb. S. 48) mit Laubengang vorgestellt. Aus Paris schrieb er an den Bauhauskollegen Erich Dieckmann: »Ich tue alles, um die Bauhaussorgen zu vergessen, es ist nicht einfach... Paris ist schön und angenehm, schöner, als ich mir vorgestellt habe... Weil ich kein Geld habe zu vielen Sachen, helfe ich mir mit einem sehr guten Bauhausmittel: mit der künstlerischen Verachtung. Ich verachte die Au-

Theo van Doesburg, the Dutch co-founder of De Stijl, moved to Weimar in April 1921, where he sought to convert the Bauhaus to De Stijl thinking. The artists of the De Stijl group, which had formed in the Netherlands in 1917, wished to create a new, universally valid art based on primary colours and elementary spatial relationships. They criticized the subjectively Expressionist tendencies pursued by the Bauhaus, despite the fact that primary colours and elementary forms served here, too, as the starting-points of design. Although Breuer did not attend the De Stijl course, De Stijl principles offered a stimulating challenge to his own design thinking.

Thus Gerrit Rietveld's »Red-and-blue chair« of 1917 (ill. p. 7) was the inspiration not simply for Breuer's wood-slat chair, but indeed for all the furniture which he designed in Weimar up to 1925. Breuer replaced the thin plywood used for the seat and back of the Rietveld chair with strips of fabric. Whereas the Rietveld chair features three different material dimensions in its uprights and planes, the final version of Breuer's wood-slat chair employs just one thickness of wood. Thanks to its skeleton construction, the space that was suppressed by the bulky Sommerfeld armchair is now rendered transparent and apprehensible.

In June 1923 Breuer qualified as a journeyman with the woman's dressing table which he completed for the Haus am Horn, an experimental house designed and built by members of the Bauhaus as part of the first exhibition of the school's work. Made of exotic citronwood, the dressing table – which no longer survives – was characterized both by functional elegance and by the skilled craftsmanship to be expected in a journeyman's examination piece. Breuer designed not only the furniture for the woman's bedroom, which included the dressing table (ill. pp. 44, 45), but also the living-room furnishings, a writing-desk (ill. p. 41) for the living-room recess and a glass fronted cabinet (ill. p. 42).

At the end of 1923 Breuer was made a »staff journeyman«. Such journeymen were paid a modest salary, sufficient to cover their living costs, and were expected to liaise between workshop Masters and students to ensure that production progressed smoothly and that commissions were executed. During this period Breuer

niche de la salle de séjour, une encoignure (repr. p. 42), ainsi qu'une armoire vitrine (repr. p. 42) pour la maison-modèle.

A la fin de l'année 1923, Breuer fut nommé compagnon budgétaire. Les compagnons budgétaires recevaient un salaire leur permettant de subvenir à leur entretien. Ils devaient faire fonction de lien entre la direction de l'atelier et les étudiants pour garantir le déroulement du travail et des commandes. Breuer conçut à cette époque une série de meubles de cuisine et divers meubles d'enfant qui comptent parmi les projets de meubles du Bauhaus ayant remporté le plus grand succès (repr. p. 50, 51): 262 chaises d'enfant et 32 tables d'enfant furent fabriquées entre l'été 1924 et mars 1925. 26 fauteuils en lattis avaient été produits pendant le même espace de temps.[8]

Breuer ne faisait partie ni des idéologues ni des théoriciens du Bauhaus, mais voyait sa tâche dans la solution pratique. Il disait qu'il se réjouissait de «travailler, sans philosopher avant chaque geste».[9] Dans l'essai «Form Funktion» (Forme Fonction) de 1924, il expliqua ce point de vue dans le détail: «Un siège, par exemple, ne doit être ni horizontal-vertical, ni expressionniste, ni constructiviste, ni fabriqué pour des raisons de convenance, ni ‹aller› avec la table, il doit tout simplement être un bon siège et alors il va avec la bonne table.»[10] Avec cette opinion, Breuer se distança désormais aussi de la position radicale du mou-

Marcel Breuer: Niedriger Teetisch im Haus Sommerfeld, 1921

Marcel Breuer: Low occasional table in the Sommerfeld house, 1921

Marcel Breuer: Table à thé basse dans la villa Sommerfeld, 1921

Photo: Bauhaus-Archiv

Bauhaus Weimar, Möbelwerkstatt, 1923
Bauhaus Weimar: The furniture workshop, 1923
Bauhaus Weimar: L'atelier de menuiserie, 1923
Repro: Bauhaus 1919–1923

tos, das Mittagessen für 20 Francs, Opera, Theater, Moulin-Rouge, Mädchen, Kleider, Krawatten, so bleibt man stiller Betrachter, und genügsam und ebenso lustig. Um mein tägliches Brot und Wein zu verdienen, bin ich in Stellung bei einem Architekten bis abends ½7...«[11]

Insgesamt aber war Breuer »ziemlich enttäuscht, daß hier alles tot ist und die Leute ohne Ausnahme... wieder Kuh mit Spargel oder Akt, Mädchen am Meer usw. malen«[12] und bessere Arbeitsmöglichkeiten ausblieben. Als Gropius Marcel Breuer vorschlug, der Leiter der neu einzurichtenden Möbelwerkstatt in Dessau zu werden, stimmte dieser zu und verließ Paris. Unter dem politischen und finanziellen Druck der rechtsgerichteten Regierung hatte das Weimarer Bauhaus beschließen müssen, die Schule zu verlegen, und das Angebot

produced a series of kitchen furnishings and various items of children's furniture which numbered amongst the most successful of Bauhaus furniture designs (ill. pp. 50, 51). No less than 262 children's chairs and 32 children's tables were built between the summer of 1924 and March 1925. The same period saw the production of 26 wood-slat chairs.[8]

Breuer never numbered amongst the ideologists or theoreticians at the Bauhaus; rather, he saw the essence of his task in its practical solution. He frankly enjoyed working »without having to philosophize before every move«[9], a stance he clarified further in »Form Funktion«, an essay of 1924: »A chair, for example, should not be horizontal/vertical, nor should it be expressionist, nor constructivist, nor designed purely for expe-

vement De Stijl et se libéra de la théorie et de la dogmatique. Il s'assura de ce fait une liberté de création qui aboutit à des solutions toujours nouvelles et souveraines.

A l'automne 1924, Breuer séjourna à Paris pendant quelques mois pour s'y perfectionner en tant qu'architecte. Jusque-là, il avait déjà travaillé dans le bureau privé de Gropius, créé une variante aux maisons en série conçues en 1923 par Gropius et présenté un immeuble d'appartements (repr. p. 48) avec couloir extérieur. De Paris, il écrivit à Erich Dieckmann, son compagnon d'études au Bauhaus: «Je fais tout pour oublier les soucis du Bauhaus, ce n'est pas simple... Paris est une ville agréable et belle, plus belle que je me l'imaginais... Parce que je n'ai pas d'argent pour beaucoup de choses, je m'aide avec un excellent moyen du Bauhaus: le mépris artisti-

der sozialdemokratisch regierten Stadt Dessau angenommen, hier das Bauhaus anzusiedeln.

»Das komplizierteste Kapitel des ganzen Kunstgewerbes ist der Stuhl. Der Stuhl aus Stahl scheint eine ästhetische Unmöglichkeit«, schrieb 1914 der Literat Paul Scheerbart.[13] Elf Jahre später gehörte der von Marcel Breuer entwickelte Stuhl aus Stahlrohr (Abb. S. 14) zu den spektakulärsten Objekten des Bauhauses. Den heute geläufigen Namen »Wassily« erhielt erst die Neuproduktion der Firma Gavina in den sechziger Jahren. Breuer sprach 1927 von seinem »Stahlclubsessel«, und das Bauhaus gab als Beschriftung vor: »sessel aus gezogenem vernickelten stahlrohr mit spanngurten« und vermerkte in Klammern »der abstrakte stuhl!«[14].

Im Januar 1926 war Breuers Stahlrohrstuhl »Wassily« zum erstenmal auf einer Breuer-Ausstellung in der Kunsthalle Dessau gezeigt worden. Einer breiteren Öffentlichkeit wurde er zusammen mit zahlreichen weiteren inzwischen entwickelten Modellen zur Eröffnung des Bauhausgebäudes im Dezember 1926 vorgestellt.

Breuers Ausgangspunkt scheint es gewesen zu sein, Möbel aus Metall herzustellen. Erste Versuche, die Metallteile zu biegen, hatte es schon in der Weimarer Werkstatt gegeben, wie der Entwerfer Karl Jucker später berichtete.[15] Der von Breuer öfter erwähnte Handwerker, der bei der Entwicklung der Möbel half, war möglicherweise der Kunstschlossermeister Georg Flechtner, der – so seine Verwandtschaft – stets erzählte, daß ihm das Rohrbiegen gelungen sei.[16] Die Entwicklungsarbeit und die Herstellung der Prototypen erfolgte in enger Kooperation mit den Junkerswerken, die schon seit Jahren Corpusmöbel aus Blech und Duraluminium (eine haltbare Aluminiumlegierung) für Flugzeuge entwickelt hatten und benutzten.[17]

Breuer baute zuerst »aus stahlblech gebildete corpusmöbel«, die er nach eigener Aussage 1927 auf der Weißenhofausstellung im Hause von Peter Behrens zeigte, die sich aber in keiner Dokumentation finden. Es folgten Möbel aus Duraluminium und schließlich »aus stahlrohr konstruierte skelettmöbel«[18] – unter ihnen der »Wassily«-Sessel –, die auf der Weißenhofausstellung in Stuttgart 1927 in den Häusern von Gropius und Mart Stam zu sehen waren.

diency, nor made to ›match‹ a table; it should be a good chair, and as such it will match the good table.«[10] In professing this view, Breuer distanced himself from the radical position of De Stijl and freed himself from theory and dogma, securing himself a creative freedom which led to ever new and sovereign design solutions.

In autumn 1924 Breuer spent a few months in Paris in order to undergo further training as an architect. He had already worked in Gropius' private architecture practice, and had designed a variant of Gropius' modular housing units of 1923 and an apartment building (ill. p. 48) with balcony access. From Paris he wrote to his Bauhaus colleague Erich Dieckmann: »I'm doing everything I can to forget my Bauhaus cares, but it isn't easy … Paris is beautiful, more beautiful than I'd imagined … Since I have no money, I often resort to a useful Bauhaus tool – Artistic Disdain. I despise cars, lunches for 20 Francs, the opera, the theatre, the Moulin Rouge, girls, clothes and ties, and remain the silent observer, easily satisfied and equally cheerful. To earn my daily bread and wine, I have a job with an architect until 6.30 every evening …«[11]

Overall, however, Breuer was »rather disappointed that everything is so dead here and that people without exception …are still painting subjects like Cow with Asparagus or Nude, Girl by the Sea, etc.«[12] He was disappointed, too, that no better job opportunities had come his way. Meanwhile, the Bauhaus – under political and financial pressure from the local right-wing government – had decided to leave Weimar. It had accepted an invitation to relocate to Dessau, a city governed by the Social Democrats. When Gropius asked Marcel Breuer to head the furniture workshop which was to be set up at the school's new premises, he accepted and left Paris.

»The chair is the most complicated subject in the whole field of handicrafts. A chair made of steel seems an aesthetic impossibility«, wrote the author Paul Scheerbart in 1914.[13] Eleven years later, the tubular-steel chair (ill. p. 14) developed by Marcel Breuer proved one of the most spectacular products to emerge from the Bauhaus. It is today known as the »Wassily« chair, the name under which it was remarketed by the Gavina company in the sixties. In 1927,

que. Je méprise les autos, le déjeuner à 20 francs, l'Opéra, le théâtre, le Moulin-Rouge, les filles, les vêtements, les cravates, on reste ainsi un observateur muet, peu exigeant et gai. Pour gagner mon pain et mon vin quotidiens, je travaille chez un architecte jusqu'à 18h30 …»[11]

Dans l'ensemble, toutefois, Breuer était «passablement déçu parce qu'ici tout est mort et que les gens sans exception … peignent de nouveau une cruche avec des asperges ou un nu, des filles au bord de la mer, etc. …»[12] et qu'il n'avait pas de meilleures possibilités de travail. Quand Gropius proposa à Marcel Breuer de devenir le directeur du nouvel atelier de menuiserie qui devait être installé à Dessau, il donna son accord et quitta Paris. Sous la pression politique et financière du gouvernement de droite, le Bauhaus de Weimar avait dû décider de transférer l'école et d'accepter de fixer le Bauhaus à Dessau, comme le lui avait proposé cette ville alors gouvernée par les sociaux-démocrates.

«Le chapitre le plus compliqué de tous les arts décoratifs est le siège. Le siège en acier semble être une impossibilité esthétique», écrivit l'écrivain Paul Scheerbart en 1914.[13] Onze ans plus tard, le fauteuil en tubes (repr. p. 14) élaboré par Marcel Breuer comptait parmi les objets les plus spectaculaires du Bauhaus. (Le nom «Wassily» aujourd'hui courant fut seulement donné à la nouvelle production de la firme Gavina dans les années soixante.) En 1927, Breuer parlait de son «fauteuil club en tubes» et le Bauhaus inscrivit dessus: «fauteuil en tubes d'acier nickelés étirés avec sangles de serrage» et nota entre parenthèses: «le siège abstrait!».[14]

En janvier 1926, le fauteuil en tubes «Wassily» fut présenté pour la première fois au cours d'une exposition Breuer à la Kunsthalle de Dessau. Il fut présenté à un vaste public avec de nombreux autres modèles entre-temps élaborés à l'occasion de l'inauguration du bâtiment du Bauhaus en décembre 1926.

Le point de départ de Breuer semble avoir été de fabriquer des meubles en métal. On avait déjà procédé à de premiers essais pour plier les pièces de métal dans l'atelier de Weimar, comme le rapporta par la suite le concepteur-projeteur Karl Jucker.[15] L'artisan, qui est souvent cité par Breuer et qui aidait à élaborer les meubles, était peut-être le maître-ferronnier Georg Flechtner

Am Bauhaus erwog man zu Anfang des Jahres 1926, den »Stahlclubsessel« Wassily als Patent oder als Gebrauchsmuster schützen zu lassen, und korrespondierte deswegen mit den Patentanwälten Karsten und Wiegand. Als die Anwälte nach technischen Neuerungen hinsichtlich der Bauart und Verwendbarkeit fragten, erhielten sie vom Bauhaus folgende Antwort: »Wir haben auf Grund Ihres Bescheides Herrn Breuer, den Leiter unserer Tischlerei und Entwerfer dieses Stuhles nach besonderen Merkmalen, die für einen Musterschutz in Frage kommen, gefragt, und er gibt u. a. folgendes an:

1. Bauart: es ist neu, dass der Stuhl aus lauter fertigen Rohren zusammengesetzt ist, welche einzeln aus einer Fabrik bezogen werden können. Der Stuhl braucht also an Ort und Stelle nur zusammengeschweißt zu werden. Er soll auch hergestellt werden aus 2 auseinandernehmbaren bzw. ineinander verschiebbaren Teilen, so dass er besonders leicht und bequem versandt werden kann.

2. Verwendbarkeit: hier ist besonders zu nennen, einmal die grosse Leichtigkeit des Stuhles, da er aus nahtlos gezogenen Rohren hergestellt ist, was wohl bisher noch nicht der Fall war, andererseits sehr strapaziert werden kann, da er naturgemäss besonders fest ist.

Ganz neu ist auch die Anbringung einer Stofflehne an den Seiten, während man bisher solche Stofflehnen nur als Rückstütze, gegebenenfalls auch als Sitzbespannung verwandte.«[19]

In seiner Antwort hielt der Anwalt eine Anmeldung als Patent oder Musterschutz für möglich, bat jedoch um nähere Angaben, »in welcher Weise der Stuhl aus zwei auseinandernehmbaren Teilen hergestellt werden soll«, damit er eine Zeichnung herstellen könne.

Am 12. September 1926 beantragte Marcel Breuer für sieben Möbelstücke – unter ihnen der »Wassily« – den Gebrauchsmusterschutz, den er auch erhielt.[20]

Zwei Jahre nach der ersten Präsentation der Stahlrohrmöbel zog Breuer eine Bilanz, die sein ungläubiges Staunen über ihren Erfolg spiegelt: »Als ich vor zwei Jahren meinen ersten Stahlclubsessel fertig sah, dachte ich, daß dieses Stück unter meinen sämtlichen Arbeiten mir am meisten Kritik einbringen würde ... das Gegenteil des Erwarteten trat ein ...«[21]

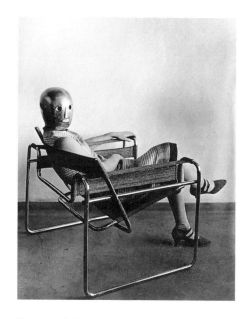

Frau mit »Schlemmer«-Maske in dem Sessel »Wassily«, 1926

Woman with mask by Schlemmer seated in the chair »Wassily«, 1926

Femme avec masque de Schlemmer dans le fauteuil «Wassily», 1926

Photo: Erich Consemüller, Nachlaß Erich Consemüller, Privatbesitz

however, Breuer simply called it his »steel club armchair«, and the Bauhaus captioned it a »chair of extruded nickel-plated tubular steel with braces« and noted in brackets »The abstract chair!«[14]

In January 1926, the »Wassily« was shown for the first time at an exhibition of Breuer's work in the Dessau Kunsthalle. It was seen again by a broader public at the opening of the new Bauhaus building in December 1926, in company with numerous other, more recent designs.

To make furniture out of metal seems to have been one of Breuer's earliest ambitions. His first attempts at bending metal parts date back, according to the designer Karl Jucker, to the Weimar workshop.[15] Breuer makes frequent mention of an assistant who helped in the development of his metal furniture. This may have been the master artistic locksmith Georg Flechtner, who – as members of his family recall – always claimed it was he who had succeeded in bending the steel tubing.[16] Breuer's prototypes were perfected and manufactured in close collaboration with the Junkers factory, which had been developing and deploying sheet steel and Duralumin (a durable aluminium alloy) in aircraft construction for many years.[17]

qui – selon sa famille – racontait toujours qu'il était parvenu à plier des tubes.[16] Le travail d'étude et la fabrication des prototypes se faisaient en étroite collaboration avec les usines Junkers qui développaient et utilisaient depuis des années des corps de meubles en tôle et en duralumin (alliage d'aluminium résistant) pour les avions.[17]

Breuer construisit d'abord des «corps de meubles en tôle d'acier» qu'il présenta, d'après ses propres dires, en 1927 lors de l'exposition de Weissenhof dans la maison de Peter Behrens, mais qui ne se trouvent dans aucune documentation. Il y eut par la suite des meubles en duralumin et finalement des «meubles en ossature faits de tubes d'acier»[18] – dont le fauteuil «Wassily» – que l'on put voir en 1927 lors de l'exposition de Weissenhof à Stuttgart dans les maisons de Gropius et de Mart Stam.

Au Bauhaus, on songea au début de l'année 1926 à faire protéger le «fauteuil club» en tubes «Wassily» par un brevet ou un modèle déposé, et l'on correspondit à ce propos avec les agents en brevets Karsten et Wiegand. Lorsque les avocats demandèrent quelles étaient les nouveautés techniques relatives à la construction et à l'emploi, le Bauhaus leur fit la réponse suivante: «En raison de votre communication, nous avons demandé à Monsieur Breuer, directeur de notre atelier de menuiserie et concepteur-projeteur de ce fauteuil, les caractéristiques qui entrent en ligne de compte pour la protection des dessins et modèles, et il déclare entre autres ce qui suit:

1. construction: le fait que le siège soit fabriqué à partir de tubes finis que l'on peut se procurer séparément dans une usine est nouveau. Le siège a donc seulement besoin d'être soudé sur place. Il doit aussi être fait de deux pièces démontables ou emboîtables, de façon à pouvoir être expédié très facilement.

2. emploi: ici, il convient de citer tout particulièrement la grande légèreté du siège du fait qu'il est constitué de tubes étirés sans soudure, ce qui n'était pas le cas jusque-là, et peut d'autre part être mis à rude épreuve car il est, de par sa nature, particulièrement solide.

L'adjonction d'un appui en toile sur les côtés, alors que l'on employait jusque-là ce genre d'appuis en toile seulement comme dossier, voire comme toile de revêtement

Stahlrohrmöbel wurden zu Symbolen radikaler Modernität und neuen Wohnens. Durch die Verwendung von Stahlrohr hatte Breuer ein Material für den Möbelbau erschlossen, das zwar seit den achtziger Jahren des 19. Jahrhunderts auf dem Markt war, aber nur im technischen Bereich genutzt wurde. Die augenfälligste Anwendung war sicher das Fahrradgestell, dessen gebogene Lenkstange Breuer schon 1927 erwähnte.[22] In seinem ersten Stahlrohrsessel hatte Breuer das Material gebogen und dann verschweißt. Später ersetzte er die Schweißnähte durch Verschraubungen. Zuerst waren es Rundkopfschrauben, die bald durch sechseckige Schrauben abgelöst wurden. Gegenüber dem Lattenstuhl hatte Breuer beim »Wassily« einige Verbesserungen durchgeführt: Der Stoff der Sitzfläche, der beim Lattenstuhl an der vorderen Latte befestigt war, wurde jetzt quer verspannt und störte so nicht mehr beim Sitzen. Auch der »Wassily« besaß die von Breuer bevorzugte Neigung der Rückenlehne, die aus nur zwei Stoffflächen gebildet wurde. Beiden Stühlen gemeinsam war die konstruktive Trennung von tragendem Gerüst und dünnen, gespannten Stoffbahnen.

Zu den wichtigen konstruktiven Innovationen des »Wassily« gehörte die Kufe, die in Verbindung mit den übrigen Rohrlinien den kubisch-transparenten Raumeindruck bestimmte, der durch das runde glänzende Rohr, welches das Licht reflektierte, noch verstärkt wurde. Breuer begründete die Wahl von Stahlrohr mit dessen vielen nützlichen Eigenschaften: Es sei leicht, preiswert, zerlegbar und hygienisch. Obwohl alle diese Eigenschaften zutreffen, beruhte der Erfolg der Stahlrohrmöbel aber auch darauf, daß sie dem Zeit- und Lebensgefühl der Avantgarde symbolisch Ausdruck verliehen.

1926/27 gründete Breuer, ohne Rücksprache mit dem Bauhaus zu nehmen, mit dem ungarischen Architekten Stefan Lengyel die Firma Standard-Möbel, die die Produktion der Stahlrohrmöbel betreiben sollte. Im April 1927 kam es deshalb am Bauhaus zur »Breuerkrise«, wie Schlemmer notierte.[23] Der Galerist Heinrich König wollte nämlich gleichzeitig für das Bauhaus einen Vertrag mit der Firma Meissner GmbH über die Produktion der Stahlrohrmöbel schließen. König, Besitzer der Architekturgalerie »Neue Kunst Fides« in Dresden,

Breuer's first products were items of »corpus furniture fashioned from steel plate«, which he himself claimed to have displayed in the Behrens house at the 1927 Stuttgart Weissenhof exhibition, but which appear in none of the literature. These were followed by furniture made of Duralumin, and finally by »skeleton furniture constructed of tubular steel«[18], which included the »Wassily« chair and which could be viewed at the Weissenhof exhibition in the houses by Gropius and Stam.

In early 1926 the Bauhaus began exploring the possibility of protecting the »Wassily« club armchair as a patent or registered design, and subsequently entered into correspondence with the patent lawyers Karsten and Wiegand. When the lawyers requested the Bauhaus to detail the technical innovations in the chair's construction and utility, they received the following reply: »In accordance with your instruction, we have approached Mr. Breuer, head of our joinery department and designer of the chair, with regard to special features relevant to a design registration, and he has specified the following:

1. Construction: new is the fact that the chair is built solely from ready-made tubes which can be obtained individually from a factory. The chair thus only needs to be welded together on the spot. It is also to be built from 2 disassemblable/collapsible parts, making it particularly easy to dispatch.

2. Utility: particular mention should be made on the one hand of the chair's extreme lightness, it being manufactured from seamless extruded tubes, something apparently without precedent, and on the other of its ability to withstand very hard wear, it being by nature particularly durable.

Entirely new, too, is the introduction of a fabric armrest on each side; such fabric supports were previously only employed as back rests or occasionally for the seat.«[19]

In their reply the laywers judged that a patent application or design registration would be possible, but asked for further details as to »how the chair is to be built of two disassemblable parts« for the purposes of producing an accurate drawing. On 12 September 1926 Marcel Breuer applied for, and was awarded, the copyright on seven registered furniture designs.[20]

de siège, est également toute nouvelle.»[19] Dans sa réponse, l'avocat déclara qu'il était possible de déposer une demande de brevet ou de modèle déposé, mais demanda qu'on lui donne des précisions «quant à la façon dont le siège devait être fait de deux pièces démontables», afin de pouvoir effectuer un dessin.

Le 12 septembre 1926, Marcel Breuer déposa pour sept meubles – dont le fauteuil «Wassily» – une demande de modèle déposé qui lui fut accordée.[20]

Deux ans après la première présentation des meubles tubulaires, Breuer dressa un bilan faisant ressortir son étonnement incrédule à propos du succès remporté: «Quand j'ai vu mon premier fauteuil club en tubes terminé, il y a deux ans, j'ai pensé que, parmi toutes mes créations, cette pièce me vaudrait le plus grand nombre de critiques ... et ce fut tout le contraire ...»[21] Les meubles tubulaires devinrent les symboles de la modernité radicale et du nouvel habitat. En employant le tube d'acier, Breuer avait mis en valeur pour la construction de meubles un matériau qui était sur le marché depuis 1880, mais était seulement utilisé dans le domaine technique. L'emploi le plus évident était certainement le cadre de bicyclette; Breuer mentionna le guidon dès 1927.[22] Dans son premier siège en tubes, Breuer avait tordu puis soudé le matériau. Par la suite, il remplaça les soudures par des boulonnages. Ce furent d'abord des vis à tête ronde, qui furent bien-

Ludwig Mies van der Rohe: Weißenhofsessel, 1927

Ludwig Mies van der Rohe: Armchair »Weissenhof«, 1927

Ludwig Mies van der Rohe: Chaise «Weissenhof», 1927

Photo: Lepkowski

Mart Stam: Stuhl, 1926
Mart Stam: Chair, 1926
Mart Stam: Chaise, 1926
Courtesy Stuhlmuseum Burg Beverungen

wollte die Bauhaus-Möbel zusammen mit anderen Bauhaus-Produkten verkaufen.[24] In dieser Zwickmühle kündigte Breuer seinen Vertrag mit dem Bauhaus. Da Gropius aber Breuer am Bauhaus halten wollte, kam es zu einem Kompromiß: Breuer zog die Kündigung zurück und konnte für die Firma Standard-Möbel tätig werden. Es ist nicht bekannt, ob es mit König und der Meissner GmbH zu einer Einigung gekommen ist.

Doch Breuer hatte die Anfangsschwierigkeiten unternehmerischer Tätigkeit unterschätzt. Am 30. Juli 1928 verkaufte er seine Rechte an die Firma Standard. Aber auch der Besitzer Lengyel konnte die Firma nur kurz selbständig weiterführen. Schon der zweite Möbelprospekt, der 1928 erschien, wurde teilweise mit dem Namen des neuen Besitzers, der Firma Thonet, überdruckt; Lengyel blieb aber weiterhin als Entwerfer tätig. Die Firma Thonet, bis dahin auf Bugholzmöbel spezialisiert, hatte die zukunftsweisende Kraft und die Marktchancen dieser neuen Möbel erkannt und wurde bald zum größten deutschen Stahlrohrmöbelproduzenten.

Trotz seiner Kürze ist aber das Kapitel »Standardmöbel« für die Geschichte der Stahlrohrmöbel wichtig. Noch am Bauhaus wurde 1927 ein erster Prospekt gedruckt, der darüber informierte, daß die Möbel in Dessau hergestellt wurden. Bevor die Firma Thonet 1928 die Produktion übernahm, war ein einziger Handwerker für die Herstellung verantwortlich.[25] Das Angebot dieses Kataloges war nach Typen geord-

Looking back two years after the launch of his first tubular-steel furniture, Breuer still viewed its success with a touch of incredulity: »Two years ago, when I saw the finished version of my first steel club armchair, I thought that this out of all my work would earn me the most criticism... but the opposite of what I'd expected came true...«[21]

Tubular-steel furniture became the symbol of radical modernity and new living. In tubular steel Breuer had found a material which, although commercially available since the 1880s, had only previously been employed in the technical field. Its most obvious application was undoubtedly the bicycle frame, whose bent handlebars had attracted Breuer's attention in 1927.[22]

In his first tubular-steel armchair, Breuer bent the material and then welded it. He later abandoned seam-welding in favour of bolting, whereby the round screws which he employed at first soon gave way to hexagonal screws. Breuer introduced a number of refinements into the »Wassily« as compared to the wood-slat chair: the fabric of the seat, which in the wood-slat chair had been attached to the front slat, was now spanned laterally and was thus more comfortable to sit on. Breuer also gave the »Wassily« an angled back rest comprising just two strips of fabric. Common to both chairs was the constructive division of their load-bearing frame and their thin, taut strips of upholstery.

Amongst the most important constructive innovations introduced in the »Wassily« was the runner design of the legs. The lines traced by these and the remaining tubes created an impression of transparent cubic space, an impression intensified by the reflective properties of the gleaming metal tubing. Breuer explained his choice of tubular steel in terms of its many practical qualities – it was light, cheap, easily disassembled and hygienic. But while all of these were true, the success of his tubular-steel furniture lay also in the symbolic expression which it gave to the spirit of the avant-garde.

At some point between 1926 and 1927, and without consulting the Bauhaus, Breuer joined forces with the Hungarian architect Stefan Lengyel to found Standard-Möbel, a company which was to manufacture Breuer's tubular-steel furniture. This led, in April 1927, to what Schlemmer

tôt remplacées par des vis hexagonales. Par rapport au fauteuil en lattis, Breuer avait apporté quelques améliorations au fauteuil «Wassily»: la toile du siège, qui était fixée à la latte de devant dans le fauteuil en lattis, était désormais tendue en travers et ne gênait donc plus lorsqu'on était assis. Le fauteuil «Wassily» avait également l'inclinaison du dossier préconisée par Breuer, le dossier étant seulement fait de deux morceaux de toile. Les deux fauteuils avaient en commun la séparation constructive de la charpente porteuse et des minces pans d'étoffe tendus.

Au nombre des innovations constructives essentielles du fauteuil «Wassily», on comptait le patin qui, en liaison avec les autres lignes tubulaires, déterminait l'impression spatiale cubique et transparente, encore renforcée par le tube rond et brillant reflétant la lumière. Breuer justifiait le choix du tube d'acier par ses nombreuses propriétés utiles: léger, bon marché, démontable, hygiénique. Bien que toutes ces propriétés soient exactes, le succès des meubles tubulaires repose également sur le fait qu'ils expriment symboliquement la notion de temps et la joie de vivre de l'avant-garde.

En 1926/27, Breuer fonda, sans consulter le Bauhaus, avec l'architecte hongrois Stefan Lengyel, la firme Standard-Möbel qui devait se livrer à la production de meubles tubulaires. En avril 1927, il y eut à ce propos une «crise Breuer» au Bauhaus, comme le nota Schlemmer.[23] Le directeur de galerie Heinrich König voulait en effet conclure simultanément pour le Bauhaus un contrat relatif à la production de meubles tubulaires avec la firme Meissner GmbH. König, qui était propriétaire de la galerie d'architecture «Neue Kunst Fides» à Dresde, voulait vendre les meubles du Bauhaus avec d'autres produits du Bauhaus.[24] Dans cette situation embarrassante, Breuer résilia son contrat avec le Bauhaus. Mais comme Gropius voulait garder Breuer au Bauhaus, on en arriva à un compromis: Breuer annula sa résiliation et put travailler pour la firme Standard-Möbel. On ne sait pas si un accord fut passé avec König et la société Meissner GmbH.

Breuer avait toutefois sous-estimé les difficultés initiales des fonctions d'entrepreneur. Le 30 juillet 1928, il vendit ses droits à la firme Standard. Mais le propriétaire Lengyel ne put diriger la firme pour son propre

net: Theaterstuhl, Clubsessel, Stuhl, Tisch, Hocker; fast alle Typen wurden in zwei Versionen angeboten. Mit diesem nach Typen gegliederten Programm war es Breuer gelungen, die in Weimar begonnene systematische Arbeit fortzuführen: Das Typenmöbel war ästhetisch und technisch modernisiert.

Eine zentrale Rolle für die Verbreitung der Stahlrohrmöbel hatte die Weißenhofausstellung 1927 in Stuttgart gespielt, auf der die wichtigsten modernen Architekten Musterhäuser und Mustereinrichtungen vorgestellt hatten. Mart Stam zeigte in seinem Musterhaus einen Stahlrohrstuhl, der noch jahrelang Architekten, Entwerfer und Möbelproduzenten vor Gericht beschäftigen sollte. Es war der erste hinterbeinlose Stuhl (Abb. S. 16), den Kurt Schwitters freudig begrüßt hatte: »Kennen Sie den Stuhl von Mart Stam, der nur 2 Beine hat? Warum vier Beine nehmen, wenn 2 ausreichen?«[26] Dieser Stuhl, den die Schorndorfer Eisenmöbelfirma Arnold produziert hatte, war aus Gasröhren montiert worden, deren Krümmungen mit Eisen verstärkt worden waren. Er war deshalb in sich starr und federte nicht. Auf derselben Ausstellung zeigte Mies van der Rohe, der eine frühe Skizze von Stams Stuhl gesehen hatte, ebenfalls einen Stahlrohrstuhl (Abb. S. 15). Van der Rohes Stuhl war aus kaltgezogenem Mannesmann-Präzisionsstahlrohr hergestellt und nutzte mittels der großen Biegung der vorderen Kufen die federnden Eigenschaften des Stahlrohrs.

Als Marcel Breuer 1929 für die Firma Thonet ebenfalls einen hinterbeinlosen Stuhl entwarf, kam es zu langwierigen Urheberrechtsstreitigkeiten, die damit endeten, daß alle Rechte an hinterbeinlosen Stühlen bei Stam bzw. Lorenz lagen, der diese Rechte von Stam erworben hatte, obwohl diese mit Breuers Entwürfen nichts zu tun hatten. Die Prozesse, die Breuer teilweise sogar bis in die USA verfolgten, sollen ihm schon in seiner Berliner Zeit die Freude an weiteren Stahlrohrentwürfen verleidet haben.[27]

Trotz vieler früherer Metallmöbel – seit den dreißiger Jahren des 19. Jahrhunderts wurden Stühle aus Gußeisen, Röhren und Stäben produziert, die jedoch nie bis ins bürgerliche Wohnzimmer vordringen konnten – darf Marcel Breuer als der Erfinder des modernen Stahlrohrstuhls gelten, der den gesamten Wohnbereich eroberte.

called a »Breuer crisis« at the Bauhaus.[23] For a contract for the production of tubular-steel furniture was already the subject of negotiations between gallery-owner Heinrich König – on behalf of the Bauhaus – and the firm of Meissner GmbH. König, who owned the architecture gallery »Neue Kunst Fides« in Dresden, wanted to sell Bauhaus furniture as part of a package with other Bauhaus products.[24] The ensuing dilemma prompted Breuer to hand in his notice. But since Gropius wanted to keep him at the Bauhaus, a compromise was reached: Breuer could produce furniture for Standard-Möbel in return for retracting his resignation. It is not known how matters were settled between König and Meissner GmbH.

Breuer, however, had underestimated the difficulties of starting up his own business. On 30 July 1928 he sold his rights to the Standard company, whose owner, Lengyel, also proved unable to run the venture single-handedly for long. When the second furniture catalogues appeared in 1928, some were already overprinted with the name of the new owner, the Thonet company; Lengyel continued to work as a designer, however. Thonet, which had previously specialized in bentwood furniture, recognized both the trend-setting nature and the sales potential of the new furniture, and rapidly became the largest producer of tubular-steel furniture in Germany.

Despite its brevity, Standard-Möbel forms an important chapter in the history of tubular-steel furniture. Its first catalogue was printed at the Bauhaus in 1927, in which it was stated that the furniture was made in Dessau. Before Thonet took over production in 1928, the entire range was built by just one craftsman.[25] The catalogue was sub-divided into types: theatre seating, the club armchair, the chair, the table, the stool. Almost all types were available in two versions. Breuer was thereby able to continue the systematic work begun in Weimar, namely the aesthetic and technical modernization of furniture types.

A vital role in the spread of tubular-steel furniture was played by the 1927 Weissenhof exhibition in Stuttgart, in which show-case homes and interiors designed by the most important modern architects of the day were on public display. The model house by Mart Stam contained

compte que peu de temps seulement. Le second prospectus de meubles, qui parut en 1928, fut en partie surimprimé avec le nom du nouveau propriétaire, la firme Thonet; Lengyel continua cependant à travailler comme concepteur-projeteur. La firme Thonet, jusque-là spécialisée dans les meubles en bois recourbé, avait reconnu la force pleine d'avenir et les chances commerciales de ces nouveaux meubles et ne tarda pas à devenir le plus grand producteur allemand de meubles tubulaires.

Malgré sa brièveté, le chapitre «Standard-Möbel» est essentiel pour l'histoire des meubles tubulaires. En 1927, un premier prospectus informant que les meubles étaient fabriqués à Dessau fut imprimé au Bauhaus. Avant que la firme Thonet ne se charge de la production en 1928, un seul artisan était responsable de la production.[25] L'offre de ce catalogue était classée selon les types: chaise de théâtre, fauteuil club, chaise, tabouret; presque tous les types étaient offerts en deux versions. Avec ce programme, Breuer était parvenu à poursuivre le travail systématique commencé à Weimar: le meuble-type était esthétiquement et techniquement modernisé.

L'exposition de Weissenhof en 1927 à Stuttgart, où les architectes modernes les plus importants avaient présenté des maisons et des aménagements modèles, avait joué un rôle essentiel pour la diffusion des sièges en tubes. Mart Stam montra dans sa maison modèle un siège en tubes qui devait occuper des architectes, des

Marcel Breuer: Stuhl B 32, 1929
Marcel Breuer: Chair B 32, 1929
Marcel Breuer: Chaise B 32, 1929
Photo: Lepkowski

Mart Stam gebührt das Verdienst, den ersten hinterbeinlosen Stuhl entworfen zu haben. Ein dritter, aber nicht letzter Platz gebührt Mies van der Rohe, der in seinem »Weißenhof«-Sessel als erster die federnden Eigenschaften des Mannesmann-Stahlrohrs ausgenutzt hatte. Damit sind die drei wichtigsten Positionen in der Geschichte des Stahlrohrmöbels benannt. Mit seiner kargen Anspruchslosigkeit gehört Stams Stuhl in die Proletarierwohnung. Der von Mies van der Rohe entworfene Stuhl ist für den Ästheten geschaffen, dem ausreichend Raum zur Verfügung steht. In Breuers Stühlen gelangen Nutzen und Schönheit zu einer glücklichen Synthese, ganz gleich, wo sie stehen: Sie fügen sich ein und behaupten sich gleichzeitig.

Breuer selbst unterwarf seine Arbeit damals einem doppelten Anspruch: Er suchte einerseits den »sozialen Maßstab« und »den von den breitesten Massen bezahlbaren Preis, ohne den mich die ganze Arbeit nicht besonders befriedigt hätte«, andererseits verstand er seine Arbeit als gestaltende Zukunftsplanung. Die moderne Zeit verlange und bedinge eine Umstellung der Gewohnheiten und Lebensweisen. Für diesen neuen Lebensstil wollte er Möbel, Wohnungen und Häuser planen. Wenige gültige Typen sollten für jeden Menschen, jeden Raum und alle möglichen Gelegenheiten nutzbar sein.

Marcel Breuer entwarf zwischen 1925 und 1927 nicht nur das Typenprogramm für den Standardmöbelkatalog und richtete mehrere Privatwohnungen ein, sondern hatte auch entscheidenden Anteil an der Einrichtung und Ausstattung des Bauhauses Dessau und der Meisterhäuser. Er entwarf die Stahlrohrsitze in der Aula (Abb. S. 60), die Möbel für die Ateliers (Abb. S. 70) und die Tische und Hocker der Kantine[28] (Abb. S. 70).

Die »Bauhausmeistersiedlung«, die in einem Wald mit »lichtem Kiefernbestand« in der Nähe des Bauhauses lag, bestand aus einem großzügigen Einzelhaus für die Familie Gropius und drei Doppelwohnhäusern, die sich die Meister Klee und Kandinsky, Muche und Schlemmer sowie Moholy-Nagy mit Feininger teilten. Nur drei der sechs in den Doppelwohnhäusern lebenden Meister richteten sich teilweise im strengen Bauhausstil ein: Moholy-Nagy, Kandinsky und Muche. In allen Fällen wirkten die Meister entscheidend an der Ge-

a tubular-steel chair which was to embroil architects, designers and furniture manufacturers in litigation for years to come, namely the first cantilevered chair (ill. p. 16). It was greeted with delight by Kurt Schwitters: »Do you know the chair by Mart Stam, with only two legs? Why use four legs when two will do?«[26] Manufactured by Arnold, an iron-furniture company from Schorndorf, the chair was assembled from gas pipes whose bends were reinforced with iron. It was consequently rigid and non-resilient. At the same exhibition, Mies van der Rohe – who had seen an early sketch of Stam's chair – showed a different type of tubular-steel chair (ill. p. 15), in this case made of cold-extruded Mannesmann precision steel tubing, whereby the pronounced curvature of the front runners exploited the springy properties of tubular steel.

When, in 1929, Marcel Breuer designed his own cantilevered chair for Thonet, it led to a protracted legal battle over copyright which ended with all rights to cantilevered chairs going to Stam, or rather to Lorenz, who had bought the rights from Stam, despite Stam's chairs having nothing to do with Breuer's designs. Exasperated by these lawsuits, which continued to dog him even in America, Breuer apparently lost all interest in designing tubular-steel furniture from his Berlin years onwards.[27]

Although metal furniture was not in itself a novelty – chairs had been manufactured from cast iron, pipes and rods since the 1830s, even if the results had never penetrated the middle-class living room –, Marcel Breuer may nevertheless be seen as the inventor of the modern tubular-steel chair which took the domestic interior by storm. Mart Stam takes the credit for designing the first cantilevered chair, while Mies van der Rohe was the first to exploit the pliant properties of Mannesmann steel tubing in his »Weissenhof« chair. The same three names simultaneously denote the three main camps in the field of tubular-steel furniture design. Stam's chair, in its frugal simplicity, belongs to the sphere of the working-class apartment. The more expensive chair designed by Mies van der Rohe is destined for the spacious homes of wealthy aesthetes. Breuer's chairs, on the other hand, marry utility and beauty with equal success regardless of their environment; they blend with their surroundings

concepteurs-projeteurs et des producteurs de meubles devant les tribunaux pendant des années. C'était la première chaise sans pieds arrière (repr. p. 16) que Kurt Schwitters avait accueilli avec joie: «Connaissez-vous la chaise de Mart Stam, qui a seulement deux pieds? Pourquoi prendre quatre pieds quand deux suffisent?»[26] Cette chaise, produite par le fabricant de meubles en métal Arnold, à Schorndorf, était faite de tuyaux à gaz dont les courbes avaient été renforcées avec du fer. C'est pourquoi elle était rigide et ne faisait pas ressort. Pendant la même exposition, Mies van der Rohe, qui avait vu une ancienne esquisse de la chaise de Mart Stam, présenta également un siège en tubes (repr. p. 15). Le siège de Mies van der Rohe était fabriqué avec des tubes d'acier de précision Mannesmann étirés à froid et mettait à profit les propriétés élastiques du tube en acier au moyen de la grande courbure des patins avant.

Quand Marcel Breuer conçut également un siège sans pieds arrière pour la firme Thonet en 1929, il y eut de longs différends à propos des droits d'auteur qui prirent fin quand tous les droits relatifs aux sièges sans pieds arrière revinrent à Stam ou à Lorenz, qui avait acheté ces droits à Stam, bien que ceux-ci n'aient rien à voir avec les projets de Breuer. Les procès, qui poursuivirent Breuer jusqu'aux Etats-Unis, le dégoûtèrent sans doute de faire d'autres projets en tubes d'acier alors qu'il se trouvait encore à Berlin.[27]

Malgré beaucoup de meubles antérieurs en métal – depuis 1830, on produisait des sièges en fonte, en tuyaux et en barres qui ne purent toutefois pas pénétrer jusque dans la salle de séjour bourgeoise –, on peut considérer Marcel Breuer comme l'inventeur du siège en tubes moderne qui a fait la conquête de l'ensemble de l'habitat. Mart Stam a eu le mérite de projeter le premier siège sans pieds arrière. La troisième place revient à Mies van der Rohe qui avait été le premier à utiliser les propriétés élastiques du tube d'acier de Mannesmann dans son siège «Weissenhof». Ce sont là les trois positions les plus importantes dans l'histoire des meubles tubulaires. Avec son manque de prétention, le siège de Stam a sa place dans l'appartement populaire. Le siège plus coûteux conçu par Mies van der Rohe est créé pour l'esthète qui dispose de suffisamment

staltung – unter anderem auch an der Farb-
gebung – mit, so daß jedes der veröffent-
lichten Interieurs einen eigenen Charakter
trägt.

Der erste wichtige Einrichtungsauftrag,
den das Bauhaus und damit Breuer erhielt,
kam von dem Theaterregisseur Erwin Piscator. Die Gestaltung der Wohnung Piscators wurde Breuer übertragen, der neue
Türen einsetzte, die Wände in »milden
Farbtönen«[29] strich, einfache glatte Vor-
hänge anbrachte und ausschließlich
selbstentworfene Standardmöbel aus-
wählte. Das Schlafzimmer des Hausherren
(Abb. S. 76) stattete er mit Gymnastikgerä-
ten aus, das Bett konnte hochgeklappt
werden. Speise- und Wohnzimmer
(Abb. S. 76, 77) konzipierte Breuer als in-
einanderübergehende Einheit. Statt massi-
ver Schränke ließ er Wandschränke mit
Klappen und Schiebetüren anfertigen, die
in Augenhöhe angebracht wurden und der
Gliederung wie der optischen Vereinheitli-
chung des Raumes dienten. In der Wohnung Piscators finden sich all jene Merk-
male, die Breuers Einrichtungsstil der
nächsten Jahre in Deutschland kennzeich-
nen. Als die Altbauwohnung mit 5 Zim-
mern in der Berliner Katharinenstraße fertig war, fotografierte sie Sasha Stone, damals Piscators Theaterfotograf, und bald
wurden die Räume in vielen Zeitschriften
und Illustrierten als Beispiele modernen
Wohnens publiziert.[30]

Eine Reihe kleinerer Einrichtungsaufträge,
die Breuer noch während seiner Zeit am
Bauhaus ausführte, wurden bisher nie
oder erst vor wenigen Jahren publiziert:
Dazu gehören die Galerie Nierendorf, Berlin, 1925; die Wohnung für den Sammler
Thost in Hamburg, 1926 (Abb. S. 58, 59);
die Wohnung für den Landeskonservator
Ludwig Grote in Dessau 1927 und mehrere Möbel für die Familie Wissinger in
Berlin.

Um Breuer am Bauhaus zu halten, hatte
Gropius ihm 1927 den Auftrag für die Er-
weiterung der Bauhausmeistersiedlung in
Aussicht gestellt. Für einige der »Jungmeister« und Bauhausarchitekten sollten insgesamt sechs Häuser mit Ateliers entstehen. Das Projekt firmierte unter der Be-
zeichnung »Bambos« – das Wort setzte
sich zusammen aus den Anfangsbuchsta-
ben der Namen Breuer, Albers, Meyer,
Bayer, Meyer-Ottens und Schmidt[31].
In der ersten Nummer der Bauhauszeit-

Tisch und Stühle für Wassily Kandinskys Eßzimmer, nach Vorschlag von Kandinsky, 1926
Table and chairs for Wassily Kandinsky's dining room from a suggestion by Kandinsky, 1926
Table et chaises pour la salle à manger de Wassily Kandinsky d'après une proposition de Kandinsky,
1926
Photo: Bauhaus-Archiv

while simultaneously asserting their own
individuality.

Breuer himself approached his work from
two angles. On the one hand, he sought
the »social scale«, »the price which can be
afforded by the greatest number of people,
without which my work would bring me
little satisfaction«. On the other hand, he
saw his work as a means of shaping the
future. The modern age was both demand-
ing and precipitating changes in habits and
life-styles; Breuer wanted to plan the furniture, apartments and houses appropriate
to this new world. A small number of standardized types were thereby to be valid for
each person, any space and every occasion.

Between 1925 and 1927 Marcel Breuer
not only designed the furniture types for
the Standard-Möbel catalogue and the interiors of a number of private apartments,
but was also extensively involved in the
decoration and furnishing of the new Dessau Bauhaus and the Masters' houses. He
designed the tubular-steel seating in the
auditorium (ill. p. 60), the furniture in the
studios (ill. p. 70) and the tables and stools
in the canteen (ill. p. 70).[28]

The Bauhaus Masters' estate, built in a
small pinewood not far from the main
Bauhaus complex, comprised one gener-
ously-proportioned detached house for the
Gropius family and three pairs of semi-de-

d'espace, tandis que l'utilité et la beauté
parviennent à une heureuse synthèse dans
les sièges de Breuer: quel que soit l'en-
droit où ils se trouvent, ils s'adaptent et
s'affirment en même temps.

Breuer soumettait à l'époque son travail à
une double exigence: il cherchait d'une
part la «norme sociale» et «le prix payable
par le plus grand nombre possible de gens
sans lequel tout le travail ne m'aurait pas
particulièrement satisfait»; il comprenait
par ailleurs son travail comme planification
créatrice de l'avenir. Pour lui, les temps
modernes exigeaient et conditionnaient
une réadaptation des habitudes et des
mœurs. Il voulait projeter des meubles,
des appartements et des maisons pour ce
nouveau style de vie. Quelques types vala-
bles devaient être utilisables pour chaque
individu, chaque pièce et toutes les occa-
sions possibles.

Entre 1925 et 1927, Marcel Breuer ne se
contenta pas de projeter le programme
type pour le catalogue de la firme Standard-
Möbel et d'aménager plusieurs appartements privés, il prit également une part
décisive à l'aménagement du Bauhaus de
Dessau et des maisons de maître. Il conçut
les sièges en tubes pour le hall (repr. p. 60),
les meubles pour les ateliers (repr. p. 70) et
les tables et tabourets pour la cantine (repr.
p. 70).[28]

La «cité des maîtres du Bauhaus», qui se

schrift 1928 publizierte Breuer drei Varianten der »Bambos-Grundrisse«, in denen er die Ideen eines schon 1925 vorgestellten kleinen Typenwohnhauses aus Stahl (Abb. S. 85) weiterentwickelt hatte. Die Realisierung des Projekts sollte aber an fehlenden Geldmitteln scheitern.

Als Walter Gropius sich 1928 entschloß, als Leiter des Bauhauses zurückzutreten, kündigte auch der »Jungmeister« Breuer und mit ihm die Meister Herbert Bayer und László Moholy-Nagy. Breuer ließ sich in Berlin nieder und bezeichnete sich auf seinem Briefbogen, auf dem er seine Herkunft aus dem Bauhaus deutlich machte, als Architekt. Allerdings verweigerte ihm die Standesorganisation des Bundes deutscher Architekten, BDA, trotz der Befürwortung durch Gropius die Aufnahme als Mitglied, da Breuer keine architektonische Praxis nachweisen konnte.[32]

Ein zeitgenössischer Vierzeiler bringt die Kritik am modernen Wohnen auf den Punkt:

»Fort die Möbel aus der Wohnung,
fort mit was nicht hingehört.
Wir behaupten ohne Schonung,
jeder Mensch, der da ist, stört.«[33]

Der Autor dieses Spottgedichts hatte möglicherweise eine der Wohnungen vor Augen, die Breuer in Berlin eingerichtet hatte und die in der Öffentlichkeit höchst umstritten waren. Man kritisierte die fehlende Gemütlichkeit und verglich sie mit Arztpraxen und Operationssälen.

Die zeitgemäße Möblierung, besonders der Wohnungen für das Existenzminimum, gehörte neben dem Siedlungsbau ab 1928 zu den wichtigsten Aufgabenfeldern der Architekten. Da Breuer keine Bauaufträge erhielt, führte er Umbauten aus und setzte die Entwicklung von Typenmöbeln fort, eine damals von vielen Architekten geübte Praxis. Hier herrschte ein großer Nachholbedarf. Da die neuerrichteten Wohnungen grundsätzlich kleiner waren als die vor dem Ersten Weltkrieg entstandenen, waren die herkömmlichen Möbel für die Wohnungen zu groß. Viele Architekten entwarfen daher für Kleinwohnungen geeignete Möbelprogramme.

Ernst May hatte schon seit 1922 für die gemeinnützigen deutschen Hausratswerke Breslau Kombinationstypenmöbel entworfen; seit 1925 produzierte die Frankfurter Städtische Erwerbslosenzentrale Typenmöbel nach Entwürfen von Ferdinand

tached houses shared by Masters Klee and Kandinsky, Muche and Schlemmer, and Moholy-Nagy and Feininger respectively. Only three of the six Masters occupying the semi-detached houses – namely Moholy-Nagy, Kandinsky and Muche – furnished their homes in strict accordance with Bauhaus style. All, however, were directly involved in their interior design, including the choice of colour scheme, and thus each house acquired its own distinctive character.

The first major interior design commission to reach the Bauhaus – and hence Breuer – came from the theatre producer Erwin Piscator. The task of renovating Piscator's five-roomed apartment in an old house on Berlin's Katharinenstrasse was assigned to Breuer, who put in new doors, painted the walls in »mild shades«[29], chose simple, plain curtains and deployed only Standard-Möbel furniture designed by himself. Piscator's bedroom (ill. p. 76) featured exercise equipment and a fold-away bed. Dining room and living room (ill. pp. 76, 77) were conceived as an interconnected whole. In place of solidly-built cupboards, Breuer introduced wall cabinets with hinged or sliding doors, which were hung in a continuous line at eye level and thereby gave the room both definition and visual unity. Piscator's apartment bears all the traits which were to characterize the Breuer interiors of the next few years in Germany. When renovation was completed, the apartment was photographed by Sasha Stone, at that time Piscator's theatre photographer; the results rapidly made their way into the pages of numerous magazines and journals as illustrations of modern living.[30]

By contrast, a series of smaller interior design projects which Breuer executed during his time at the Bauhaus have received no or only recent publicity. These include the Galerie Nierendorf in Berlin (1925), the Hamburg home of art-collector Thost (1926) (ill. pp. 58, 59), regional head of arts Ludwig Grote's home in Dessau (1927) and several pieces of furniture for the Wissinger family in Berlin.

In 1927 Gropius promised Breuer – as an enticement to keep him at the Bauhaus – the commission for the extension to the Masters' estate. A total of six houses with studios were to be built for some of the »Young Masters« and Bauhaus architects.

trouvait dans une forêt de pins clairsemée à proximité du Bauhaus, consistait en une vaste maison individuelle pour la famille Gropius et en trois maisons jumelées que se partageaient les maîtres Klee et Kandinsky, Muche et Schlemmer, ainsi que Moholy-Nagy et Feininger. Trois maîtres, parmi les six qui habitaient dans les maisons jumelées, s'installèrent dans le style strict du Bauhaus: Moholy, Kandinsky et Muche. Dans tous les cas, les maîtres participèrent activement à l'aménagement – de même qu'à la mise en couleurs –, de sorte que chaque intérieur publié a son propre caractère.

La première grande commande d'aménagement que reçut le Bauhaus et donc Breuer, venait du régisseur de théâtre Erwin Piscator. L'installation de l'appartement Piscator fut confiée à Breuer qui posa de nouvelles portes, peignit les murs dans des «tons doux»[29], mit de simples rideaux et choisit uniquement des meubles Standard qu'il avait lui-même conçus. Il garnit la chambre à coucher du maître de maison (repr. p. 76) d'appareils de gymnastique ainsi que d'un lit pouvant être relevé. Il conçut la salle à manger et la salle de séjour (repr. p. 76, 77) comme pièces entrant l'une dans l'autre. Au lieu d'employer des armoires massives, il fit faire des placards et des portes coulissantes qui étaient fixés à la hauteur des yeux et servaient à diviser et à uniformiser optiquement la pièce. Toutes les caractéristiques qui marquent le style d'ameublement de Breuer dans les années suivantes en Allemagne se trouvent dans l'appartement Piscator. Quand le logement ancien de cinq pièces situé dans la Katharinenstrasse à Berlin fut prêt, Sasha Stone, alors photographe de théâtre de Piscator, le photographia, et les pièces parurent bientôt dans de nombreux magazines et revues comme exemples de l'habitat moderne.[30]

Une série de petites commandes d'aménagement, que Breuer exécuta pendant les années qu'il passa au Bauhaus, ne furent jamais publiées ou le furent il y a quelques années seulement. En font partie la galerie Nierendorf à Berlin (1925); l'appartement du collectionneur Thost (repr. p. 58, 59) à Hambourg (1926); l'appartement du conservateur du Land Ludwig Grote à Dessau (1927) ainsi que plusieurs meubles pour la famille Wissinger à Berlin. Pour garder Breuer au Bauhaus, Gropius lui

Kramer; die ersten fließbandgefertigten Möbel nach Entwürfen von Adolf G. Schneck waren seit 1927 über die Deutschen Werkstätten in Dresden-Hellerau zu beziehen. Ein Jahr später kamen die Typenmöbel, die Erich Dieckmann an der Staatlichen Bauhochschule Weimar entwickelt hatte, auf den Markt. Um 1929/30 entwickelte Walter Gropius ein Anbaumöbelprogramm für das Berliner Warenhaus Feder. Der Bauhäusler Werner Gräff gab Anleitungen zum Selbstbau von Möbeln, und zahlreiche Ratgeber, Ausstellungen und Bücher halfen dem Konsumenten bei der Orientierung.

Nach der ersten Serie der Standard-Typenmöbel entwarf Breuer 1928 und 1929 weitere Möbel für die Firma Thonet, die diese noch 1929 auf Einzelblättern mit beigelegter Preisliste veröffentlichte. Hier tauchte die Angabe auf, daß die Stühle mit »dreifach gewebten Eisengarngurten nach Wahl in den Farben schwarz, grau, rostfarben, rot, orange und blau« lieferbar sind. Die Metallgestelle waren entweder verchromt oder vernickelt, die Schleiflackierung der Holzplatten in beliebigen Farben erhältlich. Eisengarn ist ein steifes, glänzendes Baumwollgarn, das nach der Behandlung mit Wachs und Paraffin auf einer besonderen Ausrüstungsmaschine geglättet wird. Es dient als Kette der in Köperbindung gewebten Stoffe. Das Eisengarn war um 1926 am Bauhaus Dessau für die Bespannung der Breuer-Stühle entwickelt worden.

Ein zweiter von Thonet 1930/31 herausgegebener Steckkatalog in blaugelber Umschlagmappe brachte weitere neuentwickelte Möbel Breuers (Abb. S. 104 unten). Thonet zeigte seine Arbeiten im Kontext internationaler Designer, die Thonet damals hauptsächlich in Frankreich unter Vertrag genommen hatte. Hier waren Möbel von Le Corbusier, Charlotte Perriand und Pierre Jeanneret, von Guillot, Guyot und André Lurçat abgebildet. Spätestens jetzt zeigte sich, daß der Markt sich nicht – wie man am Bauhaus gemeint hatte – mit wenigen Typen zufriedengab, sondern nach einer sich ständig verändernden Modellpalette verlangte. Über Lizenzverträge war Breuer am Umsatz beteiligt.

Als freier Architekt war Breuer zwischen 1928 und 1934 mit Umbauten und Neueinrichtungen von Altbauwohnungen, hauptsächlich in Berlin, beschäftigt. Zu den

The project came to be known as »Bambos« – an acronym derived from the surnames of »Young Masters« Breuer, Albers, Meyer, Bayer, Meyer-Ottens and Schmidt.[31]

The first Bauhaus issue of 1928 subsequently published three versions of Breuer's »Bambos« ground plans, in which he expanded upon the concept of a small standardized housing unit constructed of steel, (ill. p. 85) first proposed in 1925. Lack of funding meant the project never got further than the drawing board, however.

In 1928, following Walter Gropius' decision to resign as director of the Bauhaus, »Young Master« Breuer and Masters Herbert Bayer and László Moholy-Nagy also handed in their notice. Breuer moved to Berlin, where – on headed notepaper which made clear his Bauhaus origins – he now called himself an architect. Despite having Gropius as a referee, however, he was refused membership of the German Architects' Association on the grounds that he could demonstrate no practical architectural experience.[32]

Four lines of verse neatly summarize the sort of criticism which the Bauhaus style attracted in its own day:

»Out with furniture in the apartment!
Out with things that don't belong!
In rooms, we argue unindulgent,
even people look quite wrong.«[33]

The author of this satirical rhyme may have had in mind one of the domestic interiors which Breuer designed in Berlin and which were the subject of heated public debate. They were accused of lacking all cosiness and were compared with doctors' surgeries and operating theatres.

Modern furnishing – and in particular the furnishing of »Existenzminimum« housing for those living at subsistence level – ranked alongside housing estates as one of the most important fields of architectural activity after 1928. Receiving no building commissions, Breuer undertook renovations and conversions and pursued his development of standardized furniture, a practice common amongst architects of the day. There was still much progress to be made. Since the new apartments being built were considerably smaller than those built before the First World War, conventional furniture was proving simply too bulky. Many architects were therefore

avait fait entrevoir en 1927 la commande pour l'agrandissement de la cité des maîtres du Bauhaus. Six maisons avec ateliers devaient être créées pour quelques «jeunes maîtres», mais la réalisation échoua à cause du manque d'argent. Dans le premier numéro de la revue du Bauhaus, en 1928, Breuer publia trois variantes des «plans Bambos» (le mot était composé des initiales des noms Breuer, Albers, Meyer, Bayer, Meyer-Ottens et Schmidt),[31] dans lesquels il avait perfectionné les idées d'une petite maison-type en acier (repr. p. 85) déjà présentée en 1925.

Quand Walter Gropius décida de se démettre de ses fonctions de directeur du Bauhaus en 1928, le «jeune maître» Breuer et les maîtres Herbert Bayer et László Moholy-Nagy donnèrent également leur démission. Breuer s'installa à Berlin et se nomma architecte sur son papier à en-tête, précisant qu'il venait du Bauhaus. Toutefois, le BDA, la fédération des architectes allemands refusa de l'accepter pour membre malgré l'appui de Gropius, car Breuer ne pouvait prouver aucune pratique architectonique.[32]

Un quatrain de l'époque précise la critique du style du Bauhaus:

«Dehors les meubles,
dehors tout ce qui n'a rien à faire dans l'appartement.
Nous affirmons sans ménagements,
que tout individu qui est là dérange.»[33]

L'auteur de ce quatrain moqueur avait sans doute vu l'un des logements que Breuer avait installés à Berlin et qui étaient fort controversés parmi le public. On critiquait leur manque de confort et on les comparait aux cabinets de consultation et aux salles d'opération.

A partir de 1928, l'ameublement moderne, surtout dans les appartements destinés aux catégories de revenus au bord du minimum vital, faisait partie, outre la construction de lotissements, des plus importantes compétences des architectes. Comme Breuer n'avait pas de commandes, il procédait à des transformations et continuait à élaborer des meubles-type, une pratique courante chez les architectes de l'époque. Les besoins à couvrir étaient énormes. Comme les logements nouvellement construits étaient par principe plus petits que ceux qui avaient été édifiés avant la Première Guerre mondiale, les meubles

Kunden zählten unter anderem die Schriftstellerin De Francesco (Abb. S. 94 oben), eine Gymnastiklehrerin (Abb. S. 111), die Fabrikanten Harnischmacher (Wiesbaden) und Heinersdorff (Abb. S. 84 unten), der Bankier von der Heydt (Abb. S. 102 unten), der Kunsthistoriker Reidemeister, der Arzt Paul Vogeler (Abb. S. 96 oben), der Psychologe Kurt Lewin, dessen Verwandter Josef Lewin und der Makler Boroschek[34] (Abb. S. 100 unten). Auch einige öffentliche Institutionen richteten sich mit Breuerschen Stahlrohrmöbeln ein: Für die Technische Universität Berlin gestaltete er 1930 einen Vortragssaal, ebenso für das Museum Folkwang in Essen. Museumsdirektor Sauerlandt vom Hamburger Museum für Kunst und Gewerbe erwarb eine größere Anzahl von Breuer-Hockern für die Ausstellungsräume, die noch heute zur Sammlung des Museums zählen.

Zweimal gelang es Breuer, im Rahmen großer Ausstellungen Idealwohnungen zu realisieren. 1930 holte ihn Walter Gropius, um mit ihm, Herbert Bayer und László Moholy-Nagy fünf Säle der deutschen Abteilung auf der großen Pariser Ausstellung der »Société des Artistes Décorateurs Français« zu gestalten. Auftraggeber war der Deutsche Werkbund.[35] Bis heute gilt diese Präsentation als schönste und überzeugendste Darstellung des modernen Deutschland. Breuer hatte drei Räume entworfen, die für ein von Gropius vorgestelltes zehnstöckiges Apartmentwohnhochhaus gedacht waren: Getrennt durch Bad und Küche, richtete er ein Zimmer für den Herrn und ein Zimmer für die Dame ein sowie ein Arbeits- und Besprechungszimmer (Abb. S. 106). Ins Zimmer des Mannes stellte er einen Globus, Bücher und Telefon, in das Zimmer der Frau eine Blumenvase und ein Bett. Auch wenn man eine solch konventionelle Zuordnung heute belächeln möchte, bleibt doch bemerkenswert, daß Breuer der Frau überhaupt einen Raum zuordnet – damals keinesfalls eine Selbstverständlichkeit.

Auf der Berliner Bauausstellung 1931 zeigte Breuer zwei Projekte, die sich wie Kür und Pflicht ergänzten: Zur Pflicht zählte die damals überall diskutierte Wohnung für das Existenzminimum, zur Kür das Lieblingsthema aller damaligen Architekten, das »Haus für einen Sportsmann«, ein im Zuge der Weltwirtschaftskrise völlig unrealistisches Projekt. Das Haus des Sports-

creating furniture ranges specifically tailored to the small apartment. Ernst May, for example, had been designing multi-purpose furniture for the non-profitmaking German Household Goods Factory in Breslau since 1922, while the Frankfurt Municipal Centre for the Unemployed had been producing standardized furniture to designs by Ferdinand Kramer since 1925. Furniture designed by Adolf G. Schneck went into assembly-line production at the German Workshops in Dresden's Hellerau district in 1927, and one year later the furniture types developed by Erich Dieckmann at the Weimar State School of Architecture came onto the market. Walter Gropius designed a range of furniture units for the Feder department store in Berlin in around 1929/30. Bauhäusler Werner Gräff offered instructions on building your own furniture, and countless interior design consultants, exhibitions and books offered guidance for the consumer.

Following his first series of Standard-Möbel furniture, Breuer produced further designs for the Thonet company in 1928 and 1929, who advertised them in 1929 in separate leaflets with attached price list. These announced that the chairs were now available »with triple-weave Eisengarn fabric in the colours black, grey, rust, red, orange or blue according to choice«. Metal frames were available either nickel-plated or in chrome, and wood components in any number of coloured gloss finishes. Eisengarn, literally »iron yarn«, is a stiff, glossy cotton yarn which, after being treated with wax and paraffin, is calendered on a special finishing machine. It was used as the warp yarn in twill-weave fabrics. Eisengarn was developed at the Dessau Bauhaus in around 1926 for the upholstery of Breuer's chairs.

In a second Thonet catalogue, published in a blue-yellow folder in 1930/31, the latest range of Breuer furniture (ill. p. 104 below) appeared alongside works by a number of international – chiefly French – designers also under contract to Thonet. Le Corbusier, Charlotte Perriand and Pierre Jeanneret, Guillot, Guyot and André Lurçat were all represented. It was becoming increasingly apparent that the market was not to be satisfied with a limited number of standardized furniture types, as proposed by the Bauhaus, but demanded instead a regularly-changing selection of models.

traditionnels étaient trop grands pour les appartements. Pour cette raison, de nombreux architectes conçurent des programmes de meubles appropriés aux petits appartements.

Dès 1922, Ernst May avait déjà conçu des meubles-type à plusieurs fonctions pour les usines allemandes d'ustensiles de ménage à Breslau; dès 1925, l'agence pour l'emploi de la ville de Francfort produisit des meubles-type d'après des projets de Ferdinand Kramer; les premiers meubles fabriqués à la chaîne d'après des plans de Adolf G. Schneck purent être achetés dès 1927 par l'intermédiaire des Deutsche Werkstätten de Dresde-Hellerau. Un an plus tard, les meubles-type élaborés par Erich Dieckmann à l'Ecole nationale d'ingénieurs du bâtiment de Weimar arrivèrent sur le marché. Vers 1929/30, Walter Gropius conçut un programme de meubles à éléments d'assemblage pour les grands magasins Feder à Berlin. Werner Gräff, du Bauhaus, donna des instructions pour construire soi-même des meubles, et de nombreux conseillers en matière d'habitat, expositions et livres aidèrent le consommateur à s'orienter.

Après la première série de meubles-type Standard, Breuer conçut en 1928 et 1929 pour la firme Thonet d'autres meubles que celle-ci publia en 1929 sur des feuilles séparées avec liste de prix attachée. Pour la première fois, il était indiqué que les sièges pouvaient être livrés avec des «sangles tissées avec un fil glacé triple, dans les couleurs noir, gris, rouille, rouge, orange et bleu, au choix». Les charpentes métalliques étaient disponibles en chrome ou en nickel, la finition en vernis poncé des panneaux de bois dans n'importe quelle couleur. Le fil glacé est un fil de coton rigide et brillant qui est lissé sur une machine à finir spéciale après avoir été enduit de cire et de paraffine. Il servait de chaîne pour les étoffes tissées en armure croisée. Le fil glacé avait été élaboré vers 1926 au Bauhaus de Dessau pour entoiler les sièges de Breuer.

Un deuxième catalogue édité en 1930/31 par Thonet dans une couverture bleue et jaune renfermait d'autres meubles de Breuer nouvellement élaborés (repr. p. 104 en bas). Thonet montra ses travaux dans le contexte de designers internationaux que la firme avait alors pris sous contrat surtout en France. Des meubles de Le Corbusier,

Walter Gropius, c. 1928
Photo: Bauhaus-Archiv

Marcel Breuer, c. 1928
Photo: Bauhaus-Archiv

mannes umfaßte mehr als 200 Quadrat-
meter (Abb. S. 110), während die 70 Qua-
dratmeter große Wohnung für das Existenzminimum für drei bis vier Personen
gedacht war[36] (Abb. S. 112 oben).

Unter den zahllosen modernen Interieurs
der späten zwanziger Jahre nehmen Breuers Einrichtungen eine Sonderstellung ein:
Sie sind von einer leichten Eleganz und
Klarheit, die ohne Überfluß, Luxus und tra-
dierte Repräsentation auskommen. Ihnen
fehlt die vom Bauhaus verachtete Gemütlichkeit, aber auch die »individuelle Fas-
sung der Seele seiner Gebraucher«.[37] Die
Kühle der Metallmöbel wurde stets durch
ihre Stoffbespannung gemildert. Wände
und Fußböden waren häufig mit Bastmat-
ten bespannt. Die Farbigkeit war in der Regel hell gehalten: So war beispielsweise
das Apartment der Schriftstellerin De Francesco (Abb. S. 94 oben) in hellen Grautö-
nen gestrichen ebenso wie die Schränke in
der Arztpraxis Vogeler (Abb. S. 96) in Berlin. Die helle Tonigkeit belebte Breuer
durch Materialkontraste. Einzelzimmer
waren häufig so eingerichtet, daß sie bei
Bedarf zu einer einheitlichen Nutzfläche
geöffnet werden konnten. So konnten Eß-
und Wohnzimmer ineinander übergehen,
bei kleineren Wohnungen Schlaf- und
Wohnzimmer.

Freistehende Schränke dienten der Raum-
gliederung. Häufig setzte Breuer Einbau-
schränke ein, so daß der Raum größer und
leichter wirkte. Zu den Neuerungen Breu-

Breuer's royalties were regulated by licence agreements.

Between 1928 and 1934, while working as
a freelance architect, Breuer converted
and renovated several apartments, the majority in Berlin. His clients included the au-
thoress De Francesco (ill. p. 94 above), a
gymnastics teacher (ill. p. 111), the indus-
trialists Harnischmacher (Wiesbaden) and
Heinersdorff (ill. p. 84 below), the banker
von der Heydt (ill. p. 102 below), the art
historian Reidemeister, the doctor Paul
Vogeler (ill. p. 96 above), the psychologist
Kurt Lewin, his relative Josef Lewin and
the property broker Boroschek (ill. p. 100
below).[34] Breuer's tubular-steel furniture
also found its way into a number of public
institutions: in 1930 he furnished lecture
halls for Berlin's Technical University and
the Folkwang Museum in Essen. Sauerlandt, director of the Hamburg Museum of
Arts and Crafts, purchased a large number
of Breuer stools for the exhibition galleries;
these still form part of the museum's collection today.

Breuer was also given two opportunities to
design an ideal apartment within the
framework of a large-scale exhibition. In
1930 Walter Gropius invited Breuer, Herbert Bayer and László Moholy-Nagy to col-
laborate with him on the design of five
rooms for the German section of the Salon
being held in Paris by the »Société des
Artistes Décorateurs Français«. The commission itself came from the Deutscher
Werkbund.[35] The result was a spectacular
and convincing portrayal of Modern Germany which remains definitive even today.
As part of a ten-storey apartment-block
project proposed by Gropius, Breuer designed three rooms – a man's room and a
woman's room separated by a bathroom,
and a study (ill. p. 106). Although we may
smile today at Breuer's rather conventional
allocations of a globe, books and a telephone to the man's room and a flower-
vase and bed to the woman's room, his
very inclusion of a woman's room is
worthy of note; it was certainly by no
means an automatic feature of homes of
the times.

At the Berlin Building Exhibition of 1931,
Breuer showed two projects which com-
plemented each other like free and compulsory exercises. His »compulsory« entry
was an interpretation of the Existenzminimum apartment currently under gen-

de Perriand et Pierre Jeanneret, de Guillot,
Guyot et André Lurçat y étaient reproduits.
C'est au plus tard à ce moment-là que l'on
vit que le marché ne se contentait pas de
quelques types – comme on l'avait pensé
au Bauhaus mais désirait une palette de
modèles variant sans cesse. Breuer partici-
pait au chiffre d'affaire par l'intermédiaire
de contrats de licence.

En tant qu'architecte indépendant, Breuer
collabora entre 1928 et 1934 à des transformations et à des réaménagements de
logements anciens, surtout à Berlin. Au
nombre de ses clients, il eut entre autres
l'écrivain De Francesco (repr. p. 94 en
haut), un professeur de gymnastique (repr.
p. 111), les industriels Harnischmacher
(Wiesbaden) et Heinersdorff (repr. p. 84 en
bas), le banquier von der Heydt (repr.
p. 102 en bas), l'historien d'art Reidemeister, le médecin Paul Vogeler (repr. p. 96 en
haut), le psychologue Kurt Lewin, son pa-
rent Josef Lewin et l'agent de change Boroschek (repr. p. 100 en bas).[34] Quelques
institutions publiques s'installèrent également avec des meubles tubulaires de
Breuer, il aménagea en 1930 une salle de
conférences pour l'université technique de
Berlin, de même que pour le musée Folkwang à Essen. Le directeur de musée
Sauerlandt du Museum für Kunst und Gewerbe de Hambourg acquit pour les salles
d'exposition un grand nombre de tabourets de Breuer qui font aujourd'hui encore
partie de la collection du musée.

ers gehörten die bis zur Brusthöhe reichenden offenen Regale oder Schrankelemente sowie die sich wie eine Linie durch den Raum ziehenden schmalen Wandschränke (Abb. S. 100 unten). Sie waren offen oder mit Türen und Klappen versehen und konnten Wäsche, Geschirr oder Bücher aufnehmen. Seit 1925 verwendete Breuer überwiegend die von ihm entwickelte Maßeinheit von 33 Zentimetern (Abb. S. 56). Die Beleuchtung erfolgte indirekt durch auf die Decke gerichtete Strahler. Jedes Detail war dienend einem Zweck zugeordnet. Breuers Interieurs waren also besonders auf Menschen zugeschnitten, die Modernität als Eigenschaft ihrer Persönlichkeit begriffen und dies bewußt darstellen wollten.

Der einzige Bauauftrag, den Breuer in seiner deutschen Zeit erhielt, kam von dem Industriellen Harnischmacher aus Wiesbaden (Erdal), der 1928 wegen eines Neubaus bereits mit Gropius Kontakt aufgenommen hatte. Damals war es allerdings nur zu einer Neumöblierung der Wohnung Harnischmacher gekommen, die Breuer durchgeführt hatte. Als sich Harnischmacher dann endgültig zu einem Neubau entschloß, wandte er sich direkt an Breuer, der damit zum erstenmal nach neunjähriger Berufspraxis ein Haus konzipieren und einrichten konnte (Abb. S. 114, 115).

Es lag auf einem großen Hanggrundstück und war nach Süden ausgerichtet. Während Nord- und Ostseite fast fensterlos waren, öffneten sich Fenster und Terrassen nach Süden und Westen. Die Terrassen und ein Teil des Hausblocks standen auf Stützen, so daß der größere Teil des Grundstücks unbebaut blieb und weiterhin als Garten genutzt werden konnte. Durch unterschiedliche Dachhöhen differenzierte Breuer die verschiedenen Bauteile des Hauses deutlich nach außen und erreichte dadurch eine »konstruktivistische Gesamtkomposition aus klar definierten und artikulierten Einzelelementen«. Dieses additive Konzept, demzufolge »jede Komponente sowohl in der Form wie im Material für sich akzentuiert wird«, hatte Breuer von seinen Möbeln auf die Architektur übertragen.[38]

Schon in den Jahren zuvor hatte Breuer, meist gemeinsam mit seinem Mitarbeiter Gustav Hassenpflug, den er vom Bauhaus kannte, an den großen offenen Wettbewerben jener Jahre teilgenommen: 1928/29 für die Berliner Versuchssiedlung Span-

eral discussion, while his »free« entry concerned the favourite distraction of all architects, namely a plan for a Sportsman's House – a concept utterly unrealistic in view of the world-wide economic crisis. The Sportsman's House extended over more than 200 square metres (ill. p. 110), while the Existenzminimum apartment was designed to house three to four people within a floor area of 70 square metres (ill. p. 112 above).[36]

Amongst the countless modern décors of the late twenties, Breuer's interiors are uniquely distinguishable, characterized by an elegance and clarity pared of all excess, luxury and outmoded pomp. They lack the cosiness despised by the Bauhaus and ignore »the individual personality of (their) occupants.«[37] The coolness breathed by Breuer's metal furniture was tempered by its fabric upholstery. Walls and floors were frequently covered with raffia matting. Colours were generally light; the De Francesco apartment (ill. p. 94 above), for example, was painted in pale shades of grey, as were the cupboards in Dr. Vogeler's Berlin surgery (ill. p. 96). Breuer animated such light colour schemes with contrasting materials. Individual rooms were often designed in such a way that they could be combined into a larger useful area. The transition between dining room and living room – or, in smaller apartments, bedroom and living room – was thereby minimized. Free-standing cupboards served to delimit space, although Breuer also often used built-in cupboards so that his rooms should appear larger and lighter. His innovations included the open shelving and cupboard elements which stood up to chest height, as well as the narrow wall cabinets which traced a line around the room (ill. p. 100 below). Designed both with and without doors, these could hold linen, tableware or books. As from 1925, Breuer generally employed a standard unit of measurement of 33 centimetres (ill. p. 56). He introduced indirect lighting via projectors directed towards the ceiling. Each detail served a larger purpose. Breuer's interiors were thereby tailored first and foremost to people who considered modernity an integral part of their own personality and who wished this illustrated in their daily lives.

The only architectural commission which Breuer was to receive in Germany came from Harnischmacher, the Wiesbaden in-

Par deux fois, Breuer parvint à réaliser des appartements idéaux dans le cadre de grandes expositions. En 1930, Gropius le fit venir pour créer avec lui, Bayer et Moholy-Nagy, cinq salles de la section allemande du grand salon parisien de la «Société des Artistes Décorateurs Français». Le commanditaire était le Deutsche Werkbund.[35] Jusqu'à ce jour, cette présentation est considérée comme la plus belle et la plus convaincante exposition de l'Allemagne moderne. Breuer avait projeté trois pièces conçues pour un immeuble collectif de dix étages présenté par Gropius. Il aménagea une chambre d'homme et une chambre de femme séparées par la salle de bains et la cuisine, ainsi qu'un bureau et une salle de conférence (repr. p. 106). Dans la chambre d'homme, il plaça un globe, des livres et un téléphone, dans la chambre de femme, un vase et un lit. Même si l'on a aujourd'hui envie de sourire face à un arrangement aussi conventionnel, il est toutefois remarquable que Breuer attribue une pièce à la femme – ce qui n'était absolument pas évident à l'époque.

Au salon du bâtiment à Berlin en 1931, Breuer montra deux projets qui se complétaient en tant que figures libres et figures imposées. Au nombre des figures imposées, il y avait l'appartement pour le minimum vital partout discuté, au nombre des figures libres, le thème favori de tous les architectes de l'époque: la «maison du sportif», un projet absolument utopique pendant la crise économique mondiale. La maison du sportif totalisait plus de 200 m² (repr. p. 110) tandis que l'appartement pour le minimum vital faisait 70 m² et était destiné à trois ou quatre personnes (repr. p. 112 en haut).[36]

Parmi les innombrables intérieurs modernes de la fin des années trente, les installations de Breuer occupent une place spéciale: elles sont d'une légère élégance et d'une clarté qui s'arrange sans abondance, sans luxe et sans représentation traditionnelle. Il leur manque le confort méprisé par le Bauhaus, mais aussi «l'état d'âme individuel de ses utilisateurs».[37] La froideur des meubles en métal était toujours atténuée par leur entoilage. Les murs et les sols étaient souvent recouverts de nattes en raphia. Les couleurs étaient généralement claires, l'appartement de Mme De Francesco (repr. p. 94 en haut) était par exemple peint dans les tons gris clair, de

dau-Haselhorst, 1929 für die Telefonfabrik Fuld in Frankfurt, 1930/31 für das ukrainische Staatstheater in Charkow. Ferner beteiligten sich Breuer und Hassenpflug an einem Wettbewerb für ein Krankenhaus in Elberfeld und ein jüdisches Krankenhaus in Zagreb. Auf Empfehlung von Fréd Forbát erhielt Breuer von Martin Wagner den Auftrag, eine Ideenskizze zur Neuordnung des Potsdamer Platzes zu bearbeiten, die die Zeitschrift »Das neue Berlin« 1929 publizierte.

Schon im November 1931 hatte Breuer sein Berliner Büro mangels Aufträgen aufgegeben und reiste mit seinem neuen Auto, »noch immer Gegenstand meiner ungeteilten Leidenschaft«[39], durch Südeuropa. Er besuchte Ascona, Zürich, Budapest, Marokko, Spanien und Südfrankreich. Von Juli bis Dezember 1932 beschäftigten ihn die Bauarbeiten für die Villa Harnischmacher, und in den folgenden Jahren hielt er sich wechselweise in Zürich und Budapest auf. Ende 1933 gründete er in Budapest mit den Kollegen Josef Fischer und Farkas Molnár ein Architekturbüro, das jedoch kaum Aufträge hatte, die Zusammenarbeit erwies sich als wenig fruchtbar.[40] Als die Nationalsozialisten im Januar 1933 in Deutschland an die Macht kamen, war Breuer klar, daß er als ungarischer Jude in Deutschland nicht mehr akzeptiert werden würde. »Es liegt ein Nebel über allem: der nächste Krieg, die dominierende Blödheit, das nach innen wirkende Gift der unausgelebten Ideen«, schrieb er an Ise Gropius.

1927 hatte der Siegeszug der Stahlrohrmöbel und des neuen Wohnens in Deutschland langsam begonnen. Glas, blitzendes Metall, helle und kräftige Farben wurden zu symbolischen Ausdrucksträgern der Modernität. Lichte, offene und transparente Räume galten als zeitgemäßer Wohnausdruck. Kritik an diesem neuen Lebensstil kam nicht nur von rechts, sondern auch aus gemäßigt konservativen Kreisen, wie sie zum Beispiel damals Julius Posener vertrat: »All diese Räume üben immerfort die schärfste Kontrolle auf meine Haltung aus, und ich bin der Beschämte, wenn mir einmal nicht so ist, wie mein Zimmer will.«[41] Diese Kritik an der Rigidität der Moderne, für die sich viele Beispiele finden lassen, wurde von den Nationalsozialisten aufgegriffen, aber mit neuer Begründung ausgestattet. Die Moderne wurde jetzt als

dustrialist who had first approached Gropius about a possible new building back in 1928. In the event, however, this preliminary enquiry had resulted simply in a refurnishing of the existing Harnischmacher home, a task undertaken by Breuer. When Harnischmacher then decided to commission a new building after all, he contacted Breuer directly. For the first time in nine years of professional activity, Breuer now had the opportunity to design and build an entire house (ill. pp. 114, 115).

The Harnischmacher house occupied a large site on a hillside and was oriented towards the south. While the façades to the north and east were almost windowless, the south and west-facing sides of the house were dominated by windows and balcony terraces. The terraces and part of the house block stood on stilts, leaving the larger part of the building plot undeveloped and hence free for use as garden. Breuer used varying roof heights as a means of distinguishing the different parts of the house from the outside. The result was a »constructivist composition of clearly defined and articulated individual elements«. Breuer had derived this additive concept – according to which »each component is accentuated as such in both its form and material« – from his furniture, and was here applying it to architecture.[38]

Breuer had for some years been submitting entries to the major architectural competitions of the day, usually in collaboration with his colleague Gustav Hassenpflug, whom he knew from the Bauhaus. These included competitions for the experimental estate for Berlin's Spandau-Haselhorst district (1928/29), the Fuld telephone factory in Frankfurt (1929) and the Ukrainian State Theatre in Kharkov (1930/31). Breuer and Hassenpflug also entered a competition for a hospital in Elberfeld and a Jewish hospital in Zagreb. On Fréd Forbát's recommendation, Martin Wagner invited Breuer to outline some ideas for a redesign of Potsdamer Platz, in a draft sketch which was subsequently published in 1929 in the magazine »Das neue Berlin«. By November 1931 Breuer closed his Berlin office for want of commissions. He set off instead to explore southern Europe in the new car which was »still the object of my undivided passion«[39]. He visited Ascona, Zurich, Budapest, Morocco, Spain and the south of France. From July to De-

même que les armoires du cabinet du docteur Vogeler (repr. p. 96) à Berlin. Breuer animait la teinte claire au moyen de matériaux contrastés. Les chambres individuelles étaient souvent aménagées de sorte qu'elles pouvaient être ouvertes pour former une surface utile uniforme en cas de besoin. Ainsi, la salle à manger et la salle de séjour pouvaient être réunies ou encore la chambre à coucher et la salle de séjour dans les appartements plus petits.

Des armoires isolées servaient à diviser la pièce. Breuer employait souvent des placards incorporés, de sorte que la pièce paraissait plus grande et plus légère. Parmi les nouveautés apportées par Breuer, on comptait les rayonnages découverts ou les éléments de placard allant jusqu'à hauteur de la poitrine, de même que d'étroits placards s'étirant comme une ligne dans toute la pièce (repr. p. 100 en bas). Ils étaient ouverts ou construits avec des portes et des abattants et pouvaient recevoir du linge, de la vaisselle ou des livres. A partir de 1925, Breuer employa principalement l'unité de mesure de 33 centimètres élaborée par ses soins (repr. p. 56).

L'éclairage se faisait indirectement par des projecteurs dirigés vers le plafond. Chaque détail servait un but précis. Les intérieurs de Breuer étaient donc particulièrement conçus pour des personnes comprenant la modernité comme attribut de leur personnalité et voulant démontrer cela consciemment.

L'unique commande que Breuer obtint en Allemagne lui fut faite par l'industriel Harnischmacher de Wiesbaden (Erdal) qui avait déjà contacté Gropius en 1928 pour une nouvelle construction. A l'époque, il y avait toutefois seulement eu un nouvel ameublement de l'appartement Harnischmacher et il avait été exécuté par Breuer. Quand Harnischmacher se résolut ensuite à faire faire une nouvelle construction, il s'adressa directement à Breuer qui put ainsi concevoir et aménager une maison pour la première fois au bout de neuf ans de pratique (repr. p. 114, 115).

La maison de la famille Harnischmacher était située sur un grand terrain en pente et était orientée vers le sud. Tandis que le nord et l'est étaient presque aveugles, des fenêtres et des terrasses s'ouvraient vers le sud et l'ouest. Les terrasses et une partie de la maison étaient posées sur des supports, de sorte que la plus grande partie

Teil einer »jüdischen Weltverschwörung« abgelehnt und galt als undeutsch. Selbst Gustav Hassenpflug, lange Jahre enger Mitarbeiter Breuers, bezeichnete schon 1935 in der Zeitschrift Bauwelt Metallmöbel als »Beispiele des Verfalls der Wohnungskultur«.[42]

»Mein Stuhlgang stagniert, schon lange keinen Vertrag abgeschlossen, das ist sehr beunruhigend, ich dachte, es geht weiter so. Doch dem ist nicht so«, schrieb Breuer im Dezember 1933 an Ise Gropius.[43] Breuers Hoffnung auf neue Aufträge konzentrierte sich damals auf die Schweiz, insbesondere auf den Kreis um den Kunsthistoriker und Ingenieur Sigfried Giedion, der für die Schweizer Moderne eine höchst wichtige Rolle als Unternehmer, Organisator und Propagandist spielte. Im Herbst 1933 zog Giedion Breuer als Architekten zur Planung der Doldertalhäuser (Abb. S. 116) in Zürich hinzu, die er als Versuchshäuser auf eigenem Grundstück errichten wollte. Breuer war neben Alfred und Emil Roth damit der dritte an diesem Projekt beteiligte Architekt, was in der Folgezeit immer wieder zu internen Schwierigkeiten führte. Hinzu kamen Zeitverzögerungen durch die örtliche Baupolizei, so daß die beiden Mehrfamilienhäuser erst am Jahresanfang 1936 mit einer Ausstellung der Firma Wohnbedarf der Öffentlichkeit vorgestellt wurden[44] (Abb. S. 117). Die Stahlskelettbauweise der Häuser gilt heute als Breuers wichtigster Beitrag zu den Häusern, die zu den bedeutendsten Bauten der Moderne in der Schweiz der dreißiger Jahre zählen.[45]

Giedion hatte im Juli 1931 mit zwei Partnern die Firma Wohnbedarf gegründet, die »in enger Fühlungnahme mit führenden europäischen Architekten sowie mit der schweizerischen Industrie«[46] Modelle entwickeln wollte, die bei maximaler Qualität und minimalem Preis den modernen Wohnbedürfnissen gerecht werden sollten. Wichtigster Produktionspartner war die bis heute existierende Schweizer Möbelfirma Embru in Rüti, die auch Thonet-Möbel in Lizenz herstellte. Von Anfang an war das Angebot der Firma für Wohnbedarf international ausgerichtet. So wurden neben den Möbeln der Schweizer Designer Max Häfeli, Flora und Alfred Steiger und Emil Roth auch Holzmöbel des Finnen Alvar Aalto (Abb. S. 27) und die Aluminiummöbel Marcel Breuers vertrieben, die die-

cember 1932 he worked on the construction of the Harnischmacher villa, and in the following years divided his time between Zurich and Budapest. At the end of 1933 he founded a joint architecture practice with colleagues Josef Fischer and Farkas Molnár in Budapest. They had few commissions and their collaboration proved unfruitful.[40] When the National Socialists came to power in Germany in January 1933, it became all too clear to Breuer that his Hungarian-Jewish origins made him unacceptable to the new régime. »There is a fog over everything: the next war, the ruling idiocy, the internal poisoning caused by ideas stifled before their time«, he wrote to Ise Gropius.

Tubular-steel furniture and the accessories of New Living had been slowly conquering the German market from 1927 onwards. Glass, glittering metal and bright and powerful colours became the symbolic vehicles of modernism. Light, open and transparent rooms read as statements of contemporary living. The new life-style was criticized not simply by the Right, but by moderate conservative circles, too. In the opinion of Julius Posener, for example: »Every one of these rooms continuously exercises the strictest control over my behaviour; shame on me should I ever be other than as my room desires.«[41] This criticism of modernism for its rigidity, for which many examples can be found, was taken up by the National Socialists, albeit from a different perspective. Modernism was now condemned as part of a »Jewish world conspiracy« and was considered un-German. In an article which appeared in the journal »Bauwelt« in 1935, even Gustav Hassenpflug, Breuer's close colleague for many years, described metal furniture as an example »of the decline of home culture«.[42]

»My business with chairs is stagnating, no commissions for a long time now, all very worrying, and I thought things were going to carry on the same way. But that's not the case«, wrote Breuer to Ise Gropius in December 1933.[43] Breuer had been pinning his hopes for new commissions on Switzerland, and in particular on the circle around art historian and engineer Sigfried Giedion, who was playing a vital role as entrepreneur, organizer and propagandist on behalf of the Swiss Modern Movement. In autumn 1933 Giedion invited Breuer to

du terrain n'était pas construite et pouvait encore être utilisée comme jardin. En utilisant diverses hauteurs de toit, Breuer différencia nettement les diverses parties de la maison vers l'extérieur et obtint ainsi une «composition d'ensemble constructiviste faite d'éléments isolés clairement définis et articulés». Breuer avait transposé ce concept additif – par suite duquel «toute composante est accentuée à part, aussi bien dans la forme que dans le matériel» – de ses meubles à l'architecture.[38]

Au cours des années précédentes, Breuer avait déjà participé aux grands concours libres de ces années-là avec son collaborateur Gustav Hassenpflug qu'il connaissait depuis l'époque du Bauhaus: pour la cité expérimentale de Spandau-Haselhorst à Berlin en 1928/29, pour la fabrique de téléphones Fuld à Francfort en 1929, pour le théâtre national ukrainien de Kharkov en 1930/31. Breuer et Hassenpflug participèrent en outre à un concours pour un hôpital juif à Elberfeld et pour un hôpital à Zagreb. Sur la recommandation de Fréd Forbát, Breuer reçut de Martin Wagner l'ordre d'étudier un concept pour la réorganisation de la Potsdamer Platz, concept qui fut publié par la revue «Das neue Berlin» en 1929.

En novembre 1931, Breuer ferma son bureau berlinois faute de commandes et effectua un voyage en Europe du sud avec sa nouvelle voiture, «toujours objet de ma passion non partagée».[39] Il visita Ascona, Zurich, Budapest, le Maroc, l'Espagne et le sud de la France. De juillet à décembre 1932, il fut occupé par les travaux pour la villa Harnischmacher et séjourna tour à tour à Zurich et à Budapest dans les années qui suivirent. A la fin de l'année 1933, il fonda à Budapest avec ses confrères Josef Fischer et Farkas Molnár une agence qui n'avait toutefois guère de commandes; la collaboration se révéla être peu fertile.[40] Lorsque les nationaux-socialistes arrivèrent au pouvoir en Allemagne en janvier 1933, Breuer comprit qu'il ne serait plus accepté dans ce pays en tant que juif hongrois. «Un brouillard s'étale sur tout: la prochaine guerre, la stupidité dominante, le poison des idées non vécues agissant en dedans», écrivit-il à Ise Gropius.

En 1927, la marche triomphale des sièges en tubes et du nouvel habitat avait lentement commencé en Allemagne. Le verre, le métal étincelant, les couleurs claires et vives devinrent l'expression symbolique

Alvar Aalto: Armlehnsessel, Modell 41
»Paimo«, 1931/32

Alvar Aalto: Chair with arm rests, model 41
»Paimo«, 1931/32

Alvar Aalto: Chaise à accoudoirs, modèle 41
«Paimo», 1931/32

Courtesy Fischer Fine Art London

ser kurz zuvor entwickelt hatte. Schon im November 1932 hatte sich Marcel Breuer in Deutschland Patente gesichert, die »Gestelle für federnde Sitzmöbel« betrafen. Bisher waren federnde Metallmöbel nur aus Stahlrohr herstellbar gewesen. Breuer ließ nun die Idee schützen, federnde Möbel aus Flachstahl und aus Aluminium zu produzieren.[47] Anstoß zur Weiterentwicklung von Aluminiummöbeln hatte ein Wettbewerb der großen Pariser Firma Alliance Aluminium Cie. gegeben, die auf Anregung Giedions, der damals Generalsekretär der Architektenvereinigung CIAM war, noch eine zweite Jury einsetzte, die die eingereichten Entwürfe unter gestalterischen Aspekten beurteilen sollte. Sowohl die erste firmeneigene Jury wie die zweite Jury – Mitglieder waren Le Corbusier, Gropius und Giedion – prämierten im November 1933 unabhängig voneinander Breuers Entwürfe mit dem ersten Preis. Wenig später begann die Firma Embru mit der Produktion von Stuhltypen, Sesseltypen und Blumentischen, die in einem Spezialkatalog, »Das federnde Aluminiummöbel« (Abb. S. 118), angeboten wurden. Die Firmen Arnold in Schorndorf und Stylclair in Lyon bauten die Möbel in Lizenz nach. Wie sich aus den Produktionszahlen der Firma Embru ergibt, waren den Möbeln aber keine Verkaufserfolge beschieden. Auch die zahlreichen Varianten – es gab Stühle mit Polsterauflage, mit hölzernen und geflochenen

codesign the Doldertal houses (ill. p. 116) in Zurich, a pair of experimental apartment blocks which Giedion wished to build on land he owned himself. Breuer was thereby required to work alongside two other architects already involved in the scheme, namely Alfred and Emil Roth, an arrangement which was to engender regular internal disagreements. Problems with the building inspection authorities meant further delays, and the Doldertal houses were only finally opened to the public at the start of 1936 in conjunction with an exhibition by the Wohnbedarf company[44] (ill. p. 117). Breuer's most important contribution to the two buildings, which rank among the major achievements of Modernist architecture in the Switzerland of the thirties, lies in the steel-frame method of their construction.[45]

The Wohnbedarf company had been founded by Giedion and two associates in July 1931. Working »in close contact with leading European architects and Swiss industry«[46], it aimed to develop models which would match the requirements of modern living while combining maximum quality with minimum cost. Its most important manufacturer became the Rüti-based firm of Embru, a Swiss company producing tubular-steel furniture which still exists today. Embru also manufactured Thonet furniture under licence. The Wohnbedarf range had an international flavour right from the start, embracing not only the products of Swiss designers Max Häfeli, Flora and Alfred Steiger and Emil Roth, but also wooden furniture by the Finn Alvar Aalto (ill. p. 27) and aluminium furniture recently developed by Marcel Breuer. Breuer had applied for patents to protect his »Frames for Pliant Chairs« in Germany back in November 1932. Resilient chairs had previously only been manufacturable in tubular steel; Breuer now sought to copyright the idea of producing such furniture from band steel and aluminium.[47] The development of aluminium furniture was given further impetus by a competition sponsored by the large Parisian firm of Alliance Aluminium Cie. At the suggestion of Giedion, then General Secretary of the International Congress of Modern Architecture (CIAM), the competition was judged by two juries, of which the second was to evaluate the entries from the point of view of their artistic design. In November 1933

de la modernité. Les pièces claires, ouvertes et transparentes étaient considérées comme expression moderne de l'habitat. Ce nouveau style de vie était non seulement critiqué par la droite mais aussi par les milieux conservateurs modérés. Ainsi, Julius Posener déclara par exemple à l'époque: «Toutes ces pièces exercent constamment le contrôle le plus strict sur mon attitude, et je suis confus quand je ne me sens pas comme le veut ma chambre.»[41] Cette critique adressée à la rigidité du moderne, et pour laquelle on trouvera de nombreux exemples, fut reprise par les nationaux-socialistes, mais pourvue d'une nouvelle justification. Le moderne fut désormais rejeté comme partie d'une «conjuration juive universelle» et considéré comme peu allemand. Même Gustav Hassenpflug, qui fut le collaborateur intime de Breuer pendant des années, qualifia les meubles métalliques d'«exemples du déclin de l'art de l'habitat» dans la revue Bauwelt en 1935.[42]

«Mon travail avec les chaises stagne, il y a longtemps que je n'ai pas conclu de contrat, c'est très inquiétant, je pensais que ça continuerait comme ça, mais ce n'est pas le cas», écrivit Breuer à Ise Gropius en décembre 1933.[43] Les espoirs de Breuer en matière de commandes se concentraient à l'époque sur la Suisse, et sur le cercle autour de l'historien d'art et ingénieur Sigfried Giedion qui joua un rôle capital pour l'époque moderne suisse en tant qu'entrepreneur, organisateur et propagandiste. A l'automne 1933, Giedion fit appel à Breuer pour la planification des maisons Doldertal (repr. p. 116) à Zurich; il voulait en effet les édifier sur son terrain en tant que maisons expérimentales. Outre Alfred et Emil Roth, Breuer était donc le troisième architecte participant à ce projet, ce qui entraîna toujours des difficultés internes par la suite. A ceci vinrent s'ajouter des retards dûs au service d'urbanisme local, de sorte que les deux maisons collectives ne furent présentées au public qu'au début de l'année 1936 avec une exposition de la firme Wohnbedarf[44] (repr. p. 117). La construction en ossature métallique des maisons est aujourd'hui considérée comme la plus remarquable contribution de Breuer aux maisons qui font partie des importantes constructions de l'époque moderne dans la Suisse des années trente.[45]

En juillet 1931, Giedion avait fondé avec

Prospekt für den Liegesessel von Isokon, 1936

Catalogue for the chaise-longue by Isokon, 1936

Prospectus pour le fauteuil de relaxation de Isokon, 1936

Repro: Katalogblatt / page from catalogue / feuille de catalogue Bauhaus-Archiv

tenen Sitzflächen – hatten die Käufer nicht überzeugt. »Du täuschst Dich, wenn Du denkst, ich bin in guter Verfassung. Mit Aluminium kann man das nicht schaffen«, so Breuer im Mai 1934.[48] Erst als die Firma sie als Garten- und Terrassenmöbel vermarktete, stiegen die Umsätze, da die Möbel leicht beweglich waren und nicht rosteten.[49]

Die Wohnausstellung Anfang 1936 in den Züricher Doldertalhäusern zeigte hauptsächlich die Stahl- und Aluminiummöbel Marcel Breuers und gilt heute als letzter Höhepunkt einer kompromißlosen Schweizer Moderne, die sich bald dem »Heimatstil« näherte und Antiquitäten in die modernen Interieurs mischte.[50] Der äußere Schlußpunkt dieser Entwicklung war 1935 Giedions Ausscheiden aus der Firma Wohnbedarf. Giedion, der geglaubt hatte, daß das moderne Möbel kein kurzlebiger Modeartikel sei, sondern sich langfristig durchsetzen werde, war wirtschaftlich gescheitert.

Um diese Zeit korrespondierte Breuer mit Ise Gropius über die Möglichkeiten, ebenfalls nach England zu emigrieren, wo das Ehepaar Gropius sich seit 1934 aufhielt. »Schwebend im ungarisch-schweizerisch-britannischen Nichts«[51], suchte er nach einer langfristigen Existenzsicherung.

»Sperrholz ahoi!« grüßte Breuer im November 1935 in einem Brief an Walter Gropius und nannte damit das Stichwort, das für seine Entwurfstätigkeit in den nächsten

both the first jury, put up by the sponsoring company, and the second, whose members included Le Corbusier, Gropius and Giedion, independently awarded their first prize to Breuer's designs. Soon afterwards Embru started production of his chair types, armchair types and flower tables, which appeared in a special catalogue dedicated to »Plia Aluminium Furniture« (ill. p. 118). The firms of Arnold in Schorndorf and Stylclair in Lyon both manufactured Breuer designs under licence. Production totals for the Embru company indicate, however, that the furniture was not a commercial success. The availability of numerous different versions – there were chairs with a choice of padded upholstery, wooden or plaited seats – similarly failed to attract customers. »You're mistaken if you think I'm doing well. That's not possible with aluminium«, wrote Breuer in May 1934.[48] It was not until the company began marketing his products as garden and balcony furniture that turnover eventually increased, since they could be easily moved and did not rust.[49]

The exhibition held in the Zurich Doldertal houses at the start of 1936 was dominated by steel and aluminium furniture by Marcel Breuer. It is today seen as the final climax of an uncompromising Swiss Modern Movement, which soon afterwards shifted towards »Heimatstil« – a »home style« reviving vernacular traditions – and mixed antiquities into modern interiors.[50] One visible symptom of this development was Giedion's departure from the Wohnbedarf company in 1935. Giedion, who had believed that modern furniture, far from being an ephemeral statement of fashion, would establish its own enduring share of the market, had been proved financially wrong. Meanwhile, Breuer was already corresponding with Ise Gropius about the possibility of emigrating to England, where she and her husband Walter had been living since 1934. »Suspended in a Hungarian-Swiss-Britannic void«[51], he was looking for a means of long-term financial security.

»Plywood ahoy!« Breuer's opening greeting to Walter Gropius in a letter of November 1935 cued in the material which was to dominate his work during the next two years in England.[52] Walter Gropius had established contact with Jack Pritchard, co-founder of the Isokon company set up in 1931 and dealing in furniture made of ply-

deux associés la firme Wohnbedarf, qui voulait élaborer, «en étroit contact avec d'éminents architectes européens et l'industrie suisse»[46], des modèles devant rendre justice aux besoins modernes de l'habitat avec une qualité maximale et un prix minimal. Le plus important partenaire de la production était la firme suisse Embru, de Rüti, qui existe toujours et produisait alors des sièges en tubes tout en fabriquant des meubles Thonet sous licence. Dès le début, l'offre de la firme eut une orientation internationale. Outre les meubles des designers suisses Max Häfeli, Flora et Alfred Steiger, et Emil Roth, la firme vendait également les meubles en bois du finnois Alvar Aalto et les meubles en aluminium (repr. p. 27) de Marcel Breuer que ce dernier avait élaborés peu de temps auparavant. En novembre 1932, Marcel Breuer s'était assuré en Allemagne des brevets concernant les «charpentes pour sièges faisant ressort». Jusque-là, les meubles en métal faisant ressort pouvaient seulement être fabriqués en tubes d'acier. Breuer fit protéger l'idée consistant à produire des meubles à ressort en acier plat et en aluminium.[47] L'impulsion donnée au développement ultérieur des meubles en aluminium avait été lancée par un concours organisé par la grande firme parisienne Alliance Aluminium Cie. Sur la suggestion de Giedion, qui était alors secrétaire général de l'association d'architectes CIAM, le commanditaire engagea également un deuxième jury chargé de juger les projets soumis selon des aspects créateurs. Tant le premier jury de la firme que le deuxième jury – les membres étaient Le Corbusier, Gropius et Giedion – accordèrent indépendamment l'un de l'autre le premier prix aux projets de Breuer en novembre 1933. Peu après, la firme Embru commença à produire des types de chaises, des types de fauteuils et des tables à fleurs qui étaient offerts dans un catalogue spécial intitulé «Das federnde Aluminiummöbel» (le meuble élastique en aluminium) (repr. p. 118). Les firmes Arnold, à Schorndorf, et Stylclair, à Lyon, copièrent les meubles sous licence. Comme il ressort des chiffres de la production de la firme Embru, les meubles n'eurent pas le succès escompté. Les nombreuses variantes – il y avait des chaises avec coussins, avec siège en bois ou canné – n'avaient pas convaincu les acheteurs. «Tu te trompes, si tu penses que mon moral est

zwei Jahren in England bestimmend wurde.[52] Walter Gropius hatte den Kontakt zu Jack Pritchard hergestellt, dem Mitbegründer der seit 1931 bestehenden Firma Isokon, die Möbel aus Sperrholz und Schichtholz vertrieb. Isokon stand für »Isometric Unit Construction« und konzentrierte sich auf moderne Möbel namhafter Entwerfer. Gropius fungierte als Berater der Firma und hatte vorgeschlagen, daß Breuer seinen Aluminiumsessel in Schichtholz ausführen sollte. Bei der Umsetzung der Idee ergaben sich erhebliche technische Detailprobleme. Einer der Schwachpunkte, der nie ganz befriedigend beseitigt werden konnte, war zum Beispiel die Verbindung von Sitzfläche und Gestell mittels zweier »Ohren«. Material und Form der »Isokon«-Stühle (Abb. S. 28, 29) sollten dem traditionellen englischen Geschmack entgegenkommen: »Der ›Isokon‹-Sessel ist dem menschlichen Körper entsprechend geformt. Er paßt ihm überall. Diese Stühle haben die vollendete Schönheit des richtigen Designs. Ihre Linien drücken Wohlbefinden, Behaglichkeit und Ungezwungenheit aus.«[53] Der »Isokon«-Sessel zählt zu den frühesten Möbeln, deren organische Linienführung die Form des menschlichen Körpers aufnimmt, und ist damit einer der Vorläufer des »organic furniture«, dessen Blütezeit in den USA ab 1940 begann.

Insgesamt entwarf Breuer fünf Möbel für Isokon, die bis heute zu den Höhepunkten der kurzen Moderne in England in den Zwischenkriegsjahren zählen und gleichzeitig zu Breuers bedeutendsten Arbeiten in gebogenem Holz. Spätestens an Breuers Entwurfstätigkeit in England zeigt sich, wie abhängig er als Designer von den Vorgaben seiner Auftraggeber war. Die Jahre in Deutschland waren vom Stahlrohr bestimmt, bis es Breuer durch die Prozesse wegen der Entwurfsrechte am hinterbeinlosen Stuhl verleidet wurde; die Schweizer Zeit stand im Zeichen des Aluminiums, für das neue Formen der Vermarktung gesucht wurden, das aber nie ein großer kommerzieller Erfolg wurde. Die Entscheidung, in England mit Schichtholz zu arbeiten, mußte Breuer in einer existentiellen Lebenssituation als Vorgabe eines Auftraggebers und Partners akzeptieren, obwohl seine Ziele und Wünsche in andere Richtungen liefen: »Ein ganzes Programm in Aluminium und in Metall, Schul-, Geschäfts-, Restaurant-, Flugzeug- und

wood and laminated wood. Isokon – the name stood for »Isometric Unit Construction« – specialized in modern furniture by well-known designers. Gropius was acting as a consultant to the company, and suggested that Breuer should build a plywood version of his aluminium armchair. The practical implementation of this proposal was beset by considerable technical problems, however; one of the weaknesses never properly resolved, for example, was the joining of the seat to the frame by means of two »ears«. The material and shape of »Isokon« chairs (ill. pp. 28, 29) were intended to suit traditional English tastes: »The ›Isokon‹ longchair is shaped to the human body. It fits you everywhere... These chairs have all the beauty of right design. Their lines express ease, comfort and well-being.«[53] The »Isokon« armchair represents one of the earliest pieces of furniture to take up the shape of the human body in its organic modelling, and is thus a forerunner of the organic furniture which blossomed in the USA as from 1940. Breuer designed a total of five pieces for Isokon; as well as forming some of Breuer's most important works in bent wood, they continue to rank amongst the highlights of the modernism which flourished briefly in England between the two wars. England also underlined Breuer's dependence as a designer upon the specifications of his employers. His years in Germany had been dedicated to tubular steel, until the lawsuits surround-

bon. On ne peut pas y arriver avec de l'aluminium«, déclara Breuer en mai 1934.[48] C'est seulement quand la firme les mit sur le marché comme meubles de jardin et de terrasse, que les transactions augmentèrent, car les meubles étaient faciles à transporter et ne rouillaient pas.[49]

Le salon de l'ameublement qui eut lieu début 1936 dans les maisons Doldertal montra surtout les meubles en acier et en aluminium de Marcel Breuer et est aujourd'hui considéré comme le dernier point culminant d'un moderne suisse intransigeant qui s'approcha bientôt du «style régional» et intégra des antiquités dans les intérieurs modernes.[50] Le point final externe de cette évolution fut le moment où Giedion quitta la firme Wohnbedarf. Giedion, qui avait cru que le meuble moderne n'était pas une nouveauté éphémère, mais s'imposerait à long terme, avait échoué économiquement.

A cette époque, Breuer correspondit avec Ise Gropius au sujet des possibilités d'émigration en Angleterre, où le couple Gropius séjournait depuis 1934. «Planant dans le néant hongrois-suisse-britannique»[51], il chercha à préserver son existence à long terme.

«Contre-plaqué, ohé!» écrivit Breuer dans une lettre adressée à Walter Gropius en novembre 1935, citant ainsi le mot qui devint décisif pour son travail de concepteur-projeteur au cours des deux années suivantes en Angleterre.[52] Walter Gropius avait établi le contact avec Jack Pritchard, le co-fondateur de la firme Isokon qui existait depuis 1931 et vendait des meubles en contre-plaqué et en bois stratifié. Isokon signifiait «Isometric Unit Construction» et se concentrait sur les meubles modernes de concepteurs-projeteurs célèbres. Gropius faisait fonction de conseiller de la firme et avait proposé à Breuer de réaliser son siège d'aluminium en bois stratifié. Lors de la transposition de l'idée, il y eut d'énormes problèmes de détail. L'un des points faibles, qui ne put jamais être éliminé de façon satisfaisante, était par exemple la liaison entre surface de siège et charpente au moyen de deux «oreilles». Le matériau et la forme des sièges «Isokon» (repr. p. 28, 29) devaient faire des concessions au goût anglais traditionnel: «Le siège «Isokon» est façonné conformément au corps humain. Il convient partout. Ces sièges ont la beauté accomplie du véri-

Schiffseinrichtungen – das würde ich gerne mitmachen, auch in direkter Bindung, wenn ich mir nur die Zeit für Architektur damit nicht vollständig nehme«, schrieb er 1935 vor seiner Übersiedlung nach England.[54]

Mit seinen Schichtholzmöbeln war Breuer in Konkurrenz zu Alvar Aalto (Abb. S. 27) getreten, der 1933 nach dreijährigen Experimenten mit dem Sessel 41 für das Tuberkulose-Sanatorium im finnischen Paimio den ersten federnden Holzstuhl hergestellt hatte. »Die Konstruktion beruht ... auf der inneren Spannung des gebogenen Materials, das die Rückenlehne bildet ... Der Rücken ist so elastisch wie eine Sprungfedermatratze, läßt sich aber praktisch nicht zerbrechen.«[55] Die neuen hier verwendeten Methoden der Holzverformung und der Verklebung der Holzschichten waren von der finnischen Möbelfabrik Otto Korhonen für die Luftfahrtindustrie entwickelt worden, stellten also ein Nebenergebnis militärischer Forschung dar. Aaltos Möbel wurden bald in sehr großer Zahl hergestellt und fanden besonders in England viele Freunde. Die englischen Aalto-Produzenten erhoben 1936 Einspruch gegen die Breuer-Isokon-Produktion, aber der jahrelange Streit verlief schließlich im Sande, da Pritchard nachweisen konnte, daß Aaltos Entwürfe in England publiziert worden waren, bevor die Produzenten die englischen Patente erworben hatten.[56] Zu Recht ist jüngst darauf hingewiesen worden, daß Aalto in seinem Holzsessel das zuerst von Breuer und Stam entwickelte Freischwinger-Prinzip auf das Holzmöbel übertragen hat.[57]

Bisher gibt es keinen vollständigen Überblick über Breuers Tätigkeit als Architekt und Inneneinrichter in England. Es ist jedoch bekannt, daß Breuer mit dem englischen Architekten F. R. S. Yorke eine Partnerschaft gebildet hatte, auch, um den Einwanderungsbehörden gegenüber einen Einkommensnachweis zu haben. Breuers Name taucht bei einigen der von Yorke ausgeführten Einzelhäuser auf; gemeinsam entstand ein »Stadtzentrum der Zukunft«. Für Pritchard richtete Breuer das Restaurant »Isobar« ein, für die Familie Ventris ein Apartment mit sieben Räumen (Abb S. 130, 132). Zusammen mit dem früheren Bauhauskollegen László Moholy-Nagy entstand ein Ausstellungspavillon. Der bedeutendste Auftrag kam von dem Mö-

ing the design rights to cantilevered chairs had soured Breuer's enjoyment of the material. His Swiss days were marked by a preoccupation with aluminium, a material seemingly ripe for new commercial applications but never a great financial success. The decision to work with plywood in England was one which Breuer's work situation obliged him to accept, although his personal ambitions lay elsewhere: »An entire range in aluminium and metal, furnishings for schools, shops, restaurants, airplanes and ships – that's the sort of thing I'd like to be doing, under direct contract, too, as long as I can still have time for architecture«, he wrote in 1935 before moving to England.[54]

Breuer was not without competition in designing plywood furniture. In 1933, after three years of experiment, Alvar Aalto (ill. p. 27) had developed the first resilient wooden chair, his Armchair 41, for the tuberculosis sanatorium in Paimio, Finland. »The construction (lies) ... in the interior bending tensions of the material forming the seat-back ... Though buoyant as a spring cushion the seat-back is virtually unbreakable.«[55] It also employed new methods of moulding wood and glueing wood layers, techniques which had been developed for the aviation industry by the Finnish Otto Korhonen furniture factory and which were effectively the by-products of military research. Aalto's furniture was soon being manufactured on a large scale and proved particularly popular in England. In 1936 Aalto's English licensees lodged an objection to Isokon's production of Breuer designs, but the lengthy litigation which followed eventually petered out, with Pritchard able to prove that Aalto's designs had been publicized in England before the manufacturers had obtained the English patents.[56] It has recently been correctly pointed out, however, that Aalto's wooden chair transfers the cantilever principle first developed by Breuer and Stam to wooden furniture.[57]

A definitive account of Breuer's activities as an architect and interior designer in England remains to be compiled. It is known, however, that he formed a partnership with the English architect F. R. S. Yorke, not least in order to provide the immigration authorities with proof of income. Breuer's name appears in connection with a number of detached houses built by Yorke, and

table design. Ses lignes expriment le bien-être, le confort et l'abandon.«[53] Le siège «Isokon» fait partie des premiers meubles dont le tracé reprend la forme du corps humain et est donc l'un des précurseurs des «organic furniture» dont l'apogée commença aux Etats-Unis à partir de 1940. Au total, Breuer conçut pour Isokon cinq meubles qui comptent jusqu'à ce jour parmi les points culminants du bref moderne anglais de l'entre-deux-guerres et en même temps parmi les plus importantes œuvres en bois recourbé de Breuer. On voit au plus tard au travail de concepteur-projeteur réalisé en Angleterre par Breuer combien il dépendait des instructions de ses commanditaires en tant que designer. Les années qu'il passa en Allemagne furent déterminées par le tube d'acier jusqu'à ce qu'il en soit dégoûté par les procès intentés par suite des droits d'étude sur le siège sans pieds arrière. L'époque suisse fut placée sous le signe de l'aluminium pour lequel on cherchait de nouvelles formes d'exploitation, mais qui ne fut jamais un grand succès commercial. Dans sa situation, Breuer dut accepter de travailler en Angleterre avec le bois stratifié comme le voulait son commanditaire et associé, bien que ses buts et ses désirs aient été différents: «Tout un programme en aluminium et en métal, des équipements d'écoles, de magasins, de restaurants, d'avions et de bateaux – j'aimerais bien en être, même sous contrat, si cela ne me prend pas tout mon temps pour l'architecture», écrivit-il en 1935 avant d'émigrer en Angleterre.[54]

Avec ses meubles en bois stratifié, Breuer faisait concurrence à Alvar Aalto (repr. p. 27) qui avait fabriqué en 1933 le premier siège en bois à ressort pour le sanatorium de Paimio en Finlande après avoir expérimenté le fauteuil 41 pendant trois ans. «La construction repose ... sur la tension intérieure du matériau courbé qui forme le dossier ... Le dos est aussi élastique qu'un sommier, mais ne se laisse pratiquement pas rompre.»[55] Les nouvelles méthodes apparentées de la déformation du bois ou du collage des couches de bois avaient été élaborées par la fabrique de meubles finnoise Otto Korhonen pour l'industrie aéronautique et représentaient donc un résultat accessoire de la recherche militaire. Les meubles de Aalto furent bientôt fabriqués en très grand nombre et furent particulière-

belproduzenten Gane, für den Breuer 1936 den »Gane Pavillon« entwarf und einrichtete. Dieser vielpublizierte Gane-Pavillon, der den Einfluß Le Corbusiers verrät, trug zu Breuers Ruhm in England bei. Für Gane konzipierte Breuer auch weitere Einzelmöbel.[58]

In dem 1939 erschienenen »Flat Book« der Autoren J. L. Martin und S. Speight gehört Breuer neben Aalto mit zahlreichen Einzelmöbeln und -einrichtungen zu den am häufigsten genannten Namen.

»Es kann kein Zweifel darüber bestehen, daß Marcel Breuer der bedeutendste lebende Architekt ist«, schrieb Harry Seidler, Architekt und Breuer-Schüler, 1980 in seinem Lexikon über zeitgenössische Architekten.[59] Marcel Breuer war 1938 einem Ruf von Walter Gropius an die Harvard-Universität gefolgt, wo dieser den renommierten Architektur-Lehrstuhl innehatte. Anfangs noch Assistent von Gropius, wurde Breuer bereits 1938 selbst zum Professor ernannt. Nebenher betrieb er mit Gropius ein Architekturbüro, zu dessen ersten Bauten die eigenen Häuser für Breuer und Gropius gehörten sowie die Aufträge der Familien Frank (1939) und Chamberlain (1939). Kennzeichnend für sie ist eine Synthese des »international style« und des amerikanischen »colonial style«. »Außerdem sollte ... demonstriert werden, daß die moderne Architektur mit den ortsüblichen Baumaterialien und in der herkömmlichen Bauweise verwirklicht werden konnte ...«[60] Dies wird an der Innenausstattung von Breuers eigenem Haus (Abb. S. 137) deutlich, das auf dem Nachbargrundstück von Gropius stand. Das Mobiliar bestand aus englischen »Isokon«-Möbeln; den zweigeschossig überhöhten Hauptwohnraum bestimmte der Materialkontrast von einer großen Bruchsteinwand, Naturholz und einer völlig verglasten Wandfläche. Hier ist eine Raum- und Wohnästhetik vorweggenommen, die noch im Deutschland der fünfziger Jahre als Bungalowstil lebendig ist.

Schon in England hatte Breuer Möbel hergestellt, deren Seitenteile aus ausgeschnittenem Schichtholz (cut-out plywood) (Abb. S. 134) bestanden. Das Schichtholz mußte hierbei nicht verformt werden, wozu eine umfangreiche technische Ausrüstung notwendig gewesen wäre, sondern konnte von einem Tischler gesägt werden. Breuer stellte so Formen her, die – in Mas-

they designed a Civic Centre of the Future together. Breuer furnished the Isobar restaurant for Pritchard and an apartment with seven rooms for the Ventris family (ill. pp. 130, 132). He also collaborated with his former Bauhaus colleague, László Moholy-Nagy, on an exhibition pavilion. His most important commission came from Gane, a furniture producer for whom Breuer designed the Gane Pavilion in 1936. The much-publicized Pavilion, betraying the influence of Le Corbusier, contributed significantly to Breuer's reputation in England. Breuer also designed a number of furniture items for Gane.[58] In the »Flat Book« by J.L. Martin and S. Speight published in 1939, Breuer is credited with a large number of furniture items and interiors, and his name – alongside that of Aalto – is amongst those most frequently mentioned.

»There can be no doubt that Marcel Breuer is the most important living architect«, wrote Harry Seidler, himself an architect and a pupil of Breuer, in 1980.[59] In 1938 Marcel Breuer accepted an appointment at Harvard University offered to him by Walter Gropius, who was then Professor of Architecture. Initially employed as Gropius' assistant, by the end of 1938 Breuer had himself been made a professor. Gropius and Breuer also ran a private architecture practice together, whose earliest commissions included houses for the architects themselves, as well as houses for the Frank family (1939) and the Chamberlain family (1939). These are characterized by a synthesis of the International Style and the American colonial style. They were »also meant to demonstrate that modern architecture could work with local materials and utilize traditional methods«.[60] This can be clearly seen in the interior design of Breuer's own house (ill. p. 137), which stood on the plot neighbouring Gropius'. It was furnished with English Isokon furniture, while the main living room, two storeys in height, was determined by the material contrasts arising from the combination of a large wall of rubble masonry with natural wood and a wall consisting entirely of glazing. Breuer thereby anticipated an aesthetic of space and living which was to survive into the fifties in Germany as the bungalow style.

While still in England, Breuer had started producing furniture whose side pieces were made of cut-out plywood (ill. p. 134).

ment appréciés en Angleterre. Les producteurs anglais des meubles de Aalto protestèrent en 1936 contre la production Breuer-Isokon, mais le long différend finit par échouer quand Pritchard put prouver que les projets de Aalto avaient été publiés en Angleterre avant que les producteurs aient acquis les brevets anglais.[56] On a récemment signalé à juste titre que dans son siège, Aalto a communiqué au meuble en bois le principe de la libre oscillation d'abord élaboré par Breuer et Stam.[57]

Il n'existe jusqu'ici aucun aperçu complet du travail réalisé par Breuer en Angleterre en tant qu'architecte et décorateur. On sait toutefois que Breuer avait constitué une association avec l'architecte anglais F.R.S. Yorke, pour avoir une preuve de revenus vis-à-vis du service de l'immigration. Le nom de Breuer surgit dans quelques-unes des maisons individuelles exécutées par Yorke; ils réalisèrent ensemble un «centre de l'avenir». Breuer aménagea le restaurant «Isobar» pour Pritchard, de même qu'un appartement de sept pièces pour la famille Ventris (repr. p. 130, 132). Avec son ancien collègue du Bauhaus László Moholy-Nagy, il créa un pavillon d'exposition. La commande la plus importante fut faite par le fabricant de meubles Gane pour lequel Breuer conçut et aménagea le «Pavillon Gane» en 1936.

Ce pavillon Gane souvent publié, qui trahit l'influence de Le Corbusier, a contribué à la renommée de Breuer en Angleterre. Breuer a également conçu d'autres meubles individuels pour Gane.[58]

Dans le «Flat Book» de J.L. Martin et S. Speight paru en 1939, Breuer fait partie, outre Aalto, des noms les plus fréquemment cités avec ses innombrables meubles et agencements individuels.

«Il ne peut faire aucun doute que Marcel Breuer est le plus remarquable architecte vivant», écrivit Harry Seidler, architecte et élève de Breuer, dans son lexique des architectes contemporains en 1980.[59] En 1938, Marcel Breuer s'était rendu à l'appel de Walter Gropius à l'université de Harvard où ce dernier occupait la célèbre chaire d'architecture. Au début assistant de Gropius, Breuer fut lui-même nommé professeur en 1938. Il avait en outre avec Gropius un bureau d'architecture où furent conçues les maisons privées de Breuer et de Gropius, de même que les maisons des familles Frank (1939) et Chamberlain

sivholz ausgeführt – nicht tragfähig gewesen wären. Die schon in England hergestellten Typen – Sofa, Sessel, Liegestuhl und Stuhl – überarbeitete er anläßlich des Bauauftrages für die Familie Frank in Pittsburgh, den das Büro Gropius/Breuer 1939 erhalten hatte, dessen Ausführung und Einrichtung heute aber allein Breuer zugeschrieben wird.[61]

Ein Streit zwischen Breuer und Gropius war 1941 der Anlaß, die Bürogemeinschaft aufzulösen. Breuer machte sich damit von einer Vaterfigur frei, die sein Leben seit 1920 begleitet hatte und der er immer wieder entscheidende Förderung verdankt hatte.

Die Möbelentwürfe, die für die nächsten Jahrzehnte den Markt in den USA und nach 1945 auch in Europa bestimmten, stammten von den jungen Entwerfern Charles und Ray Eames (Abb. S. 33) und Eero Saarinen, alle Absolventen der Cranbrook Academy of Art. Sie arbeiteten mit doppelt verformtem Schichtholz, kombinierten Holzschalen mit Metallgestellen, und als Folge ihrer Entwicklungsarbeit entstanden schließlich nach 1945 die ersten Kunststoffstühle. Saarinen und Eames vollbrachten damit eine ähnliche Leistung wie Breuer: Sie setzten ein neues Material mittels neuer Technologie in ein zeitgemäßes Möbel um – das hatte Breuer 1925 mit den Stahlrohrmöbeln und 1932 mit den Aluminiummöbeln erreicht.

Eine wesentliche Katalysatorrolle für die Geschmackssteuerung in den Vereinigten Staaten spielten die vom Museum of Modern Art ausgeschriebenen Wettbewerbe: Der Wettbewerb »Organic Design in Home Furnishings«, 1940, der amerikanisches Design fördern sollte, wurde vom Handel und von Möbelproduzenten unterstützt und hatte Eames und Saarinen mit ihren neuen Entwürfen bekannt gemacht. Bei dem Wettbewerb »International Competition for Low-Cost Furniture Design«, 1948, gewann Charles Eames den zweiten Preis. Breuer, der seit der Einrichtung für das Frank-Haus kaum noch Möbelentwürfe gemacht hatte, beteiligte sich erfolglos an dem Wettbewerb »Low-Cost Furniture Design«. Ein Jahr später wurde er vom Museum of Modern Art aufgefordert, im Garten des Museums ein Musterhaus zu errichten, das von den Baukosten und seiner Ausstattung her den Ansprüchen einer amerikanischen Durchschnittsfamilie ge-

Such plywood did not require modelling with costly technical equipment, but could be sawn by a joiner. Plywood also enabled Breuer to employ shapes whose load-carrying capacity, had they been cut from solid wood, would have proved inadequate. The sofa, armchair, lounge chair and side chair models which he had designed in England Breuer now reworked for the Frank house in Pittsburgh. Although the 1939 commission was awarded to the joint Gropius-Breuer office, its execution and interiors are today credited to Breuer alone.[61]

In 1941 Breuer and Gropius dissolved their architectural partnership following a disagreement. Breuer thereby freed himself from the father figure who had been part of his life since 1920 and to whom he owed so many decisive career opportunities.

The furniture designs which for the next few decades were to dominate both the American and, after 1945, the European market stemmed from the hands of Charles and Ray Eames (ill. p. 33) and Eero Saarinen, all graduates of the Cranbrook Academy of Art. They worked with double-moulded plywood and combined wooden elements with metal frames. It was their development work which ultimately led to the appearance of the first synthetic chairs after 1945. Saarinen and Eames thereby pursued a course similar to Breuer: they used new technology to transform a new material into contemporary furniture, just as Breuer had done in 1925 with tubular steel and again in 1932 with aluminium.

Two competitions held by the Museum of Modern Art also acted as a powerful catalyst upon the tastes of the American public. The 1940 »Organic Design in Home Furnishings« competition was held to promote American designers, and was backed by furniture manufacturers and the world of trade. It was here that Eames and Saarinen made their names with their new designs. In the 1948 »International Competition for Low-Cost Furniture Design«, Charles Eames won second prize. Breuer, who had designed almost no furniture since the Frank house, did not take part in these competitions. One year later, however, he was invited by the Museum of Modern Art to build, in the museum grounds, an exhibition house whose construction costs and interior furnishings suited both the pocket and the needs of the average American family. In furnishing

(1939). Elles sont caractérisées par leur synthèse du «style international» et du «style colonial» américain. «Il s'agissait en outre de démontrer que l'architecture moderne pouvait être réalisée avec les matériaux de construction locaux et la méthode traditionnelle…»[60] Ceci devient évident dans l'aménagement intérieur de la maison privée de Breuer (repr. p. 137) qui se trouvait sur un terrain proche de celui de Gropius. Le mobilier était constitué de meubles Isokon anglais; la pièce principale surhaussée à deux étages était déterminée par le contraste des matériaux: grand mur en pierre de carrière, bois naturel et surface murale entièrement vitrée. Cela anticipait une esthétique de l'espace et de l'habitat encore vivante dans l'Allemagne des années cinquante en tant que style bungalow.

Breuer avait déjà fabriqué en Angleterre des meubles dont les parties latérales étaient faites en contre-plaqué coupé (repr. p. 134). Le contre-plaqué n'avait pas besoin d'être déformé, ce qui aurait demandé un outillage considérable, mais pouvait être scié par un menuisier. Breuer produisait ainsi des formes qui n'auraient pas été résistantes si elles avaient été réalisées en bois massif. Il retoucha les types déjà conçus en Angleterre – sofa, fauteuil, chaise longue et chaise – à l'occasion de la commande de travaux que le bureau Gropius/Breuer avait reçue de la famille Frank à Pittsburgh en 1939, mais dont l'exécution et l'aménagement sont aujourd'hui uniquement attribués à Breuer.[61]

Un différend, qui eut lieu en 1941 entre Breuer et Gropius, servit d'occasion pour dissoudre le bureau commun. Breuer se libéra ainsi d'une figure de père qui l'avait accompagné depuis 1920 et à laquelle il dut à plusieurs reprises un encouragement énergique.

Les projets de meubles, qui déterminèrent pour les décennies suivantes le marché aux Etats-Unis, de même qu'en Europe après 1945, provenaient des jeunes concepteurs-projeteurs Charles et Ray Eames (repr. p. 33) et Eero Saarinen qui avaient tous fait leurs études à la Cranbrook Academy of Art. Ils travaillaient avec du contre-plaqué doublement déformé, des coques en bois combinées à des charpentes en métal et, par suite de leur travail d'étude, les premières chaises en matière plastique furent finalement créées en

nügen sollte. Bei den Möbelentwürfen, die für die Serienanfertigung gedacht waren, griff Breuer auf Möbel zurück, die er 1945 für das »Geller House« entworfen hatte, dem ersten Auftrag, den er nach der Trennung von Gropius selbständig durchgeführt hatte. Breuer wollte wie bei den »Isokon«- und »Aalto«-Möbeln Produktionskosten und Produktionsaufwand senken und trotzdem ein Möbel herstellen, das leicht variiert werden konnte. Die »Geller«-Stühle (Abb. S. 138, 139) und der »MoMA«-Stuhl (Abb. S. 143) entstanden aus ausgesägtem Schichtholz (Abb. S. 143), dessen Einzelteile mit sehr geringem Verschnitt aus einem größeren Stück hergestellt werden konnten. Trotz seiner geringen Herstellungskosten ging der Stuhl aber niemals in Produktion. Von allen »Cut out«-Möbeln gehört der »MoMA«-Stuhl zu den formal und technisch überzeugendsten Lösungen, aber weder er noch die früheren Entwürfe fanden einen Platz in der Kunstgeschichte des modernen Möbels.

Mit dem »MoMA«-Haus (Abb. S. 144/145) begann Breuers Aufstieg zu einem der meistbeschäftigten international tätigen Architekten. Harry Seidlers Hochschätzung des Architekten Breuer wurde bis in die sechziger und siebziger Jahren von der Architekturkritik geteilt. Seit den achtziger Jahren zeichnete sich in dieser Wertung eine Wende ab. Breuers markante, plastische Betonarchitektur wurde von einer neuen Architektengeneration, die in der Postmoderne ihr Ideal sah, in Frage gestellt.

In den zahlreichen Nachrufen, die anläßlich Breuers Tod 1981 erschienen, stellte man den Möbelentwerfer über den Architekten und erinnerte an die glanzvolle Reihe seiner schönsten Entwürfe aus den zwanziger und dreißiger Jahren, deren Faszination bis heute ungebrochen blieb.

Noch zu Breuers Lebzeiten, in den sechziger Jahren, begann ein neues Kapitel in der Geschichte der Breuer-Möbel, das bis heute nicht beendet ist. Breuer schloß einen Lizenzvertrag mit dem italienischen Möbelproduzenten Dino Gavina, der diesem das Recht zur Produktion einiger Möbel sicherte. Bis auf einen Lehnstuhl erhielten sie Einzelnamen: Die Stühle hießen »Cesca«, der erste Stahlrohrsessel »Wassily«, ein Hocker und ein Couchtisch »Laccio« und ein 1951 entworfener Schreibtisch »Canaan«. Später kaufte die Firma Knoll

A3501

CONVERSATION

the exhibition house, and with mass production in mind, Breuer looked back to earlier designs of 1945 developed for the »Geller house«, his first independent commission following the split with Gropius. Breuer wished to reduce the costs and complexity of the production process required by such as »Isokon« and »Aalto« furniture, and yet produce a piece of furniture which could be easily varied. The »Geller« chairs (ill. pp. 138, 139) and the »MoMA« chair (ill. p. 143) were made of cutout plywood; their individual components could be cut from one large board with very little wastage. The chair never went into production. From both a formal and a technical point of view, the »MoMA« chair represented one of the most convincing examples of all cut-out plywood furniture, but neither it nor the earlier designs found a place in the history books of modern furniture design.

1945. Saarinen et Eames réalisèrent ainsi une performance semblable à celle de Breuer: ils transformèrent un nouveau matériau en meuble moderne au moyen d'une nouvelle technologie – Breuer y était parvenu en 1925 avec les meubles en tubes d'acier et en 1932 avec les meubles en aluminium.

Les concours ouverts par le Museum of Modern Art jouèrent un rôle de catalyseur essentiel dans l'orientation du goût aux Etats-Unis. En 1940, le concours «Organic Design in Home Furnishings», qui devait encourager le design américain, fut soutenu par le commerce et les fabricants de meubles et fit connaître Eames et Saarinen avec leurs nouveaux projets. Lors du concours «International Competition for Low-Cost Furniture Design» en 1948, Charles Eames obtint le second prix. Breuer, qui n'avait guère conçu de meubles depuis l'aménagement de la maison Frank, ne participa pas à ces concours. Un an plus tard, toutefois, le Museum of Modern Art lui demanda d'ériger dans le jardin du musée une maison modèle qui devait satisfaire, du point de vue des frais de construction et d'aménagement, aux exigences d'une famille américaine moyenne. Pour les projets de meubles prévus pour la fabrication en série, Breuer eut recours à des meubles qu'il avait conçus en 1945 pour la «Geller House», la première commande qu'il avait réalisée de son chef après s'être séparé de Gropius. Breuer voulait réduire les frais et les dépenses de production occasionnés par la production des meubles «Isokon» et des meubles «Aalto», et fabriquer malgré tout un meuble pouvant être légèrement varié. Les chaises «Geller» (repr. p. 138, 139) et la chaise «MoMA» (repr. p. 143) étaient faites en contre-plaqué découpé, et les différentes pièces pouvaient être fabriquées à partir d'un grand morceau avec des déchets très réduits. Malgré son prix de fabrication peu élevé, la chaise ne fut jamais produite. Parmi tous les meubles «Cut out», la chaise «Moma» fait partie des solutions les plus convaincantes du point de vue formel et technique, mais ni elle ni les projets plus anciens n'ont trouvé place dans l'histoire de l'art du meuble moderne. L'ascension de Breuer vers la position d'architecte aux activités internationales commença avec la maison «MoMA» (repr. p. 144, 145). L'estime qu'avait Harry Seiler

Alessandro Mendini: Redesign Marcel Breuer »Wassily«, 1978

Photo: Occhiomagico

International Italy die Firma Gavina auf und übernahm damit die Produktionsrechte. Noch heute produziert die Firma Knoll außer dem »Wassily« die beiden »Laccio«-Möbel und die »Cesca«-Stühle. Die Vertriebsrechte am »Cesca« in Deutschland und Österreich liegen bei der Firma Thonet, die diese wegen ihrer alten Rechte am hinterbeinlosen Freischwinger nach einem Rechtsstreit zugesprochen erhielt.

Seit den sechziger Jahren werden Breuers Möbel – wie andere Bauhaus-Produkte – als »Klassiker« des Wohnens vermarktet, eine Entwicklung, die bis heute Plagiate, Imitationen und sogar Parodien nach sich zieht, aber zugleich bestätigt, daß Breuers Möbel bis heute Vorbild und Herausforderung geblieben sind.

Magdalena Droste

The »MoMA« exhibition house (ill. pp. 144, 145) marked the start of Breuer's rise to the position of one of the busiest international architects of his day. The esteem in which Breuer was held by Harry Seidler was shared in the sixties and seventies by the critical public. In the eighties, however, opinion began to shift, as Breuer's emphatic, sculptural concrete architecture was challenged by a generation of architects for whom post-modernism was the new ideal.

The many obituaries which appeared after Breuer's death in 1981 emphasized the furniture designer even above the architect, and recalled the dazzling succession of beautiful designs which he produced during the twenties and thirties and whose fascination remains as powerful today as upon their first appearance.

There is one chapter in the history of Breuer furniture which began in the sixties, during his lifetime, and remains unfinished even today. Breuer concluded a contract with the Italian furniture manufacturer Dino Gavina, permitting him to produce a number of Breuer pieces under licence. With the exception of one easy chair, each model was given its own name. Thus the chairs were called »Cesca«, the first tubular-steel armchair »Wassily«, a stool and a couch table »Laccio« and a desk designed in 1951 »Canaan«. The Gavina company was later bought by Knoll International Italy, who assumed Breuer production rights. Knoll continue to manufacture the »Wassily«, the two »Laccio« models and the »Cesca« chairs even today. Distribution rights to the »Cesca« chair in Austria and Germany are owned by Thonet, to whom they were awarded following a lawsuit by reason of their former rights to the cantilevered chair.

Breuer's furniture designs – like other Bauhaus products – have been marketed since the sixties as »classics« of modern living. It is a strategy which has left a train of plagiarisms, imitations and even parodies in its wake, but which only serves to confirm the importance of Breuer's furniture as both the model and the challenge facing new designers even today.

Magdalena Droste

pour l'architecte Breuer fut partagée par les critiques d'architecture jusque dans les années soixante et soixante-dix. Depuis les années quatre-vingt, un tournant s'est dessiné. L'architecture en béton marquante et plastique de Breuer a été remise en question par une génération d'architectes qui voyait son idéal dans le postmodernisme.

Dans de nombreux éloges parus à l'occasion du décès de Breuer en 1981, on a placé le concepteur-projeteur de meubles au-dessus de l'architecte et on a rappelé la brillante série de ses plus beaux projets des années vingt et trente qui exerce toujours une grande fascination aujourd'hui.

Du temps de Breuer, dans les années soixante, un nouveau chapitre, qui n'est pas encore terminé, commença dans l'histoire des meubles de Breuer. Breuer passa en effet un contrat de licence avec le fabricant de meubles italien Dino Gavina qui lui garantit le droit de produire quelques meubles. A l'exception d'un fauteuil, ils reçurent des noms individuels: les chaises s'appelaient «Cesca», le premier siège en tube «Wassily», un tabouret et une table basse «Laccio» et un bureau conçu en 1951 «Canaan». Par la suite, la firme Knoll International Italy acheta la firme Gavina et reprit ainsi les droits de production. Aujourd'hui encore, la firme Knoll produit, outre le fauteuil «Wassily», les meubles «Laccio» et les sièges «Cesca». En Allemagne et en Autriche, les droits de distribution sur «Cesca» incombent à la firme Thonet qui a obtenu ces derniers après un litige en raison de ses anciens droits sur le siège à oscillation libre sans pieds arrière.

Depuis les années soixante, les meubles de Breuer sont vendus comme «classiques» de l'habitat – comme d'autres produits du Bauhaus; c'est là une évolution qui entraîne des plagiats, des imitations et même des parodies, mais confirme en même temps que les meubles de Breuer sont restés jusqu'à ce jour un modèle et un défi.

Magdalena Droste

1 George Grosz/Wieland Herzfelde: Die Kunst ist in Gefahr. Berlin 1925, p. 12. Reprint Berlin 1981.

2 Karl Rössger: Das Bauhaus. Neue Bahnen. Illustrierte Monatshefte für Erziehung und Unterricht. F. Lindemann, R. Schulze (eds.), 36. 1925, No. 2, pp. 52–62; p. 54.

3 Marcel Breuer: Die Möbelabteilung des staatlichen Bauhauses zu Weimar. Fachblatt für Holzarbeiter. 1925, pp. 17–19; p. 18.

4 »Thüringer Allgemeine Zeitung«, Sonderbeilage/special supplement/supplément spécial, 19. 10. 1924.

5 Dr. Wolfgang Pfleiderer: Einleitung/introduction. In: Die Form ohne Ornament. Werkbund Ausstellung 1924. Berlin/Leipzig 1924, p. 17.

6 Angelika Emmerich: Marcel Breuer – Tischlerlehrling und Geselle des Weimarer Bauhauses 1920–1925. Wissenschaftliche Zeitschrift der Hochschule für Architektur und Bauwesen Weimar, 35. 1989. Series A, No.2, pp. 79–84.

7 Gunta Stölzl, Brief an/letter to/lettre à H.M. Wingler, 07.01.1964, Bauhaus-Archiv Berlin; an/to/à I. Radewald, 10.01.1982, Bauhaus-Archiv Berlin.

8 Emmerich, (cf. 6), p. 84.

9 Emmerich, (cf. 6), p. 81.

10 Marcel Breuer: Form Funktion. Junge Menschen, 5. 1924, No. 8, p. 191. Kraus Reprint, München 1981.

11 Karl-Heinz Hüter: Das Bauhaus in Weimar. Berlin 1976, p. 276 f.

12 Nelly van Doesburg, Brief an/letter to/lettre à Walter Dexel, 15. 09. 1925. In: Walter Vitt (ed.): Hommage à Dexel. Donauwörth 1980, p. 82.

13 Paul Scheerbart: Glasarchitektur. Berlin 1914, p. 39.

14 Fotoliste für die/list of photographs for the/liste de photos pour le »Leipziger Illustrierte Zeitung«, GN 3/107, Bauhaus-Archiv Berlin.

15 Schweizer Typenmöbel 1925–1935. Sigfried Giedion und die Wohnbedarf AG. Eidgenössische Technische Hochschule, Institut für Geschichte und Theorie der Architektur. Zürich 1989, p. 229.

16 Gespräch M. Droste mit der Verwandtschaft von G. Flechtner / M. Droste in conversation with relatives of G. Flechtner / Entretien de M. Droste avec la famille de G. Flechtner

17 Helmuth Erfurth: Der Stahlrohrstuhl: sein Entwicklungsweg durch das Industriedesign. Museum für Stadtgeschichte Dessau. Dessau 1983.

18 Marcel Breuer: Metallmöbel. In: Deutscher Werkbund: Innenräume; Räume und Inneneinrichtungsgegenstände aus der Werkbundausstellung... Stuttgart 1928, pp. 133–134.

19 Brief Bauhaus an Patentanwälte Dr. C. Wiegand und Dr. W. Karsten vom 31. März 1926 und Schreiben der Anwälte an das Bauhaus vom 14. April 1926 aus dem Stadtarchiv Dessau. Wir danken Frau Dr. U. Jablonowski, die uns dieses Schreiben zur Verfügung gestellt hat.
Letter from the Bauhaus to the patent lawyers Dr. C. Wiegand and Dr. W. Karsten of 31 March 1926, and memorandum from the lawyers to the Bauhaus of 14 April 1926. From the Dessau City Archives. We would like to thank Dr. U. Jablonowski for placing this memorandum at our disposal.
Lettre du Bauhaus aux agents en brevets Dr. C. Wiegand et Dr. W. Karsten en date du 31 mars 1926 et lettre des agents en brevets au Bauhaus en date du 14 avril 1926 provenant des archives de la ville de Dessau. Nous remercions Mme Jablonowski qui a mis cette lettre à notre disposition.

20 Christopher Wilk: Marcel Breuer, Furniture and Interiors. Exhibition catalogue, The Museum of Modern Art. New York 1981, p. 188

21 Breuer (cf. 18).

22 In dem wahrscheinlich ersten Prospekt »Standard-Möbel«, der noch nicht in Kleinschrift gedruckt ist, erwähnt das Vorwort die Vorteile des Vernickelns: »Sämtliche Metallteile kommen in vernickelter Ausführung zur Verwendung. Sie erhalten so einen sicheren Schutz gegen Feuchtigkeit und Abnutzung. (Beispiel: die vernickelte Fahrradlenkstange).« Kopie des Prospektes im Bauhaus-Archiv Berlin.
In what was probably the first »Standard-Möbel« catalogue, still printed in upper as well as lower case, the introduction describes the advantages of nickel-plating: »All the metal parts employed come in a nickel-plated finish, ensuring them safe protection against moisture and wear. (Example: nickel-plated bicycle handlebars).« Copy of the catalogue in the Bauhaus-Archiv Berlin.
Dans le prospectus «Standard-Möbel», qui est vraisemblablement le premier et n'est pas encore imprimé en minuscules, la préface mentionne les avantages du nickelage: «Toutes les parties métalliques sont employées dans les modèles nickelés et sont ainsi efficacement protégées contre l'humidité et l'usure. (Exemple: le guidon nickelé).» Copie du prospectus au Bauhaus-Archiv Berlin.

23 Andreas Hüneke (ed.): Oskar Schlemmer. Idealist der Form. Leipzig 1990, p. 173.

24 Ise Gropius, Tagebucheintrag/diary entry/journal, 02. 04. 1927. Bauhaus-Archiv Berlin.

25 Sigfried Giedion: Die Herrschaft der Mechanisierung. Lemgo 1982, p. 534.

26 Kurt Schwitters: Stuttgart, Die Wohnung. Werkbundausstellung, i 10. Amsterdam 1927, No.10, p. 348. Kraus Reprint, 1979.

27 Wilk (cf. 20), p. 77.

28 Zahlreiche Abbildungen/numerous illustrations/nombreuses reproductions in: Erich Consemüller. Fotografien Bauhaus Dessau. Wulf Herzogenrath, Stefan Kraus (eds.). Munich 1989.

29 Beschreibung aus dem Jahr 1929/description from the year 1929/description de l'année 1929: Wechselwirkungen. Ungarische Avantgarde in der Weimarer Republik. Exhibition catalogue, Neue Galerie, Kassel/Museum Bochum. Marburg 1986, p. 334 ff.

30 Sasha Stone. Fotografien 1925–1939. Eckhardt Köhn (ed.), Berlin 1990.

31 Diese neue Zuordnung ergibt sich aus einem Brief Oskar Schlemmers an Gunta Stölzl vom Juli 1927 mit Skizze der Siedlung und Beschriftung. Briefkopie im Bauhaus-Archiv Berlin.
This new attribution is based on a letter from Oskar Schlemmer to Gunta Stölzl of July 1927, containing a sketch of the estate with a caption. Copy of the letter in the Bauhaus-Archiv Berlin.
Ce nouveau classement résulte d'une lettre adressée par Oskar Schlemmer à Gunta Stölzl en juillet 1927 avec esquisse de la cité et inscription. La copie de la lettre se trouve au Bauhaus-Archiv Berlin.

32 Kopien der Korrespondenz/copies of the correspondence/copies de la correspondance Gropius-Tessenow, Bauhaus-Archiv Berlin.

33 Deutsche Kunst im 20. Jahrhundert. Malerei und Plastik 1905–1985. Munich 1986, p. 447.

34 Wilk (cf. 21), p. 87.

35 Winfried Nerdinger: Walter Gropius. Berlin 1985, p. 142, p. 158.

36 Deutsche Bau-Ausstellung, official guide. Berlin 1931, p. 171 f. Ein Grundriß der 70-Quadratmeter-Wohnung/A plan of the 70-square-metre apartment is reproduced/Plan de l'appartement de 70 m² in: Gustav Adolf Platz: Wohnräume der Gegenwart. Berlin 1933, p. 78, und/and/et in: Die Form. 1931, p. 258.

37 Marcel Breuer: Metallmöbel und moderne Räumlichkeit. Das neue Frankfurt. 1928, No.1, in: H. Hirdina (Bearb./ad./rem.): Neues Bauen. Neues Gestalten. Dresden 1984, p. 210.

38 Diese Interpretation folgt / This interpretation follows / Cette interprétation suit Joachim Driller: Marcel Breuer: Das architektonische Frühwerk bis 1950. Diss. Freiburg 1990, p. 35; p. 33.

39 Marcel Breuer, Brief an/letter to/lettre à Ise Gropius, 04. 11. 1931. Bauhaus-Archiv Berlin.

40 Driller (cf. 38), p. 17.

41 Julius Posener: Neues Wohnen (1932). Quoted from: Julius Posener Aufsätze und Vorträge. 1931–1980. Braunschweig 1981, p. 39.

42 Gustav Hassenpflug: Metallmöbel als Industrieerzeugnisse. Bauwelt 1935, No.35.

43 Marcel Breuer, Brief an/letter to/lettre à Ise Gropius, December 1933. Bauhaus-Archiv Berlin.

44 cf. Wohnbedarf (cf. 15.), p. 54.

45 Dreißiger Jahre Schweiz. Ein Jahrzehnt im Widerspruch. Exhibition catalogue. Zurich 1982, p. 158.

46 Wohnbedarf catalogue. cf. Wohnbedarf (cf. 15), p. 77.

47 Patentschrift Nr. 170985, veröffentlicht am 1. November 1934. (Priorität Deutschland 22. Nov. 1932). Kopie im Bauhaus-Archiv Berlin dank freundlicher Vermittlung von Herrn Lepel, Embru-Werke, Rüti.
Patent Specification No. 170985, published on 1 November 1934. (Right of priority Germany, 22 November 1932.) Copy in the Bauhaus-Archiv Berlin thanks to the kind offices of Mr. Lepel, Embru-Werke, Rüti.
Fascicule de brevet No 170985, publié le 1er nov. 1934 (Priorité Allemagne 22 nov. 1932). Copie au Bauhaus-Archiv Berlin grâce à l'aimable intervention de Monsieur Lepel, Embru-Werke, Rüti.

48 Marcel Breuer, Brief an/letter to/lettre à Ise Gropius, 11. 05. 1934. Bauhaus-Archiv Berlin.

49 Freundliche Mitteilung von/information kindly supplied by/communication de Mr. Lepel, Embru-Werke, Rüti.

50 Friederike Mehlau-Wiebking/Arthur Rüegg: Sigfried Giedion als Aktivist in der Einrichtungsfrage. In: Sigfried Giedion 1888–1968. Der Entwurf einer modernen Tradition. Exhibition catalogue. Zurich 1989, pp. 161–178; p. 175.

51 Marcel Breuer, Brief an/letter to/lettre à Ise Gropius, 22. 05. 1935. Bauhaus-Archiv Berlin.

52 Marcel Breuer, Brief an/letter to/lettre à Walter Gropius, November 1935. Bauhaus-Archiv Berlin.

53 Frank Russell: Stuhl und Stil. 1850–1950. Stuttgart 1980, p. 113.

54 Marcel Breuer, Brief an/letter to/lettre à Ise Gropius, 06. 04. 1935. Bauhaus-Archiv Berlin.

55 Russell (cf. 53), p. 114.

56 cf. Wilk (cf. 20), p. 189 (note 84).

57 Christopher Wilk in: Design 1935–1965: what modern was. Martin Eidelberg (ed.). Le Musée des Arts Décoratifs de Montréal. Exhibition catalogue, New York, Los Angeles... New York 1991.

58 Wilk 1981 (cf. 20), p. 137.

59 Harry Seidler, dictionary entry on Marcel Breuer in: Contemporary Architects. London, Basingstoke 1980. p. 119.

60 Nerdinger (cf. 35), p. 194.

61 Nerdinger (cf. 35), p. 272.

Jahre am Bauhaus
1920–1928

Years at the Bauhaus
1920–1928

Les Années au Bauhaus
1920–1928

Sessel für Haus Sommerfeld, 1921
Kirschholz, rotes und schwarzes Leder

Armchair for house Sommerfeld, 1921
Cherry, red and black leather

Fauteuil pour la maison Sommerfeld,
1921
Cerisier, cuir rouge et noir

Niedriger Teetisch, 1921
Birnbaum, schwarz poliert

Low occasional table, 1921
Pear polished black

Table à thé basse, 1921
Poirier, noirci et poli

1 **Stuhl**, 1921

1 **Chair**, 1921

1 **Chaise**, 1921

Armlehnstuhl, 1922
Holz, teilweise Sperrholz, Polstersitz und
-rückenstütze

Armchair, 1922
Wood, in part plywood, upholstered seat
and back

Fauteuil à accoudoirs, 1922
Bois, contreplaqué, siège et dossier
rembourrés

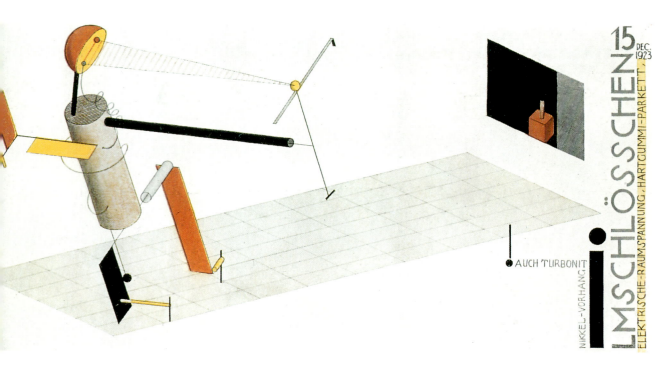

Plakat »Bauhaustanz«, 1923
Design: M. Breuer

Poster »Bauhaustanz«, 1923
Design: M. Breuer

Affiche «Bauhaustanz», 1923
Design: M. Breuer

Schreibtisch für das Haus am Horn,
Weimar, 1923
Kirschbaum, Ahorn grau gebeizt

Writing-desk for the house am Horn,
Weimar, 1923
Cherry, maple, stained grey

Bureau pour la maison am Horn,
Weimar, 1923
Cerisier, érable teinté en gris

Ausstellungsvitrine, 1925
Show-case, 1925
Vitrine d'exposition, 1925

Vitrinenschrank für das Haus am Horn, 1923
Verschiedene gebeizte Hölzer, Glas, Metall,
vernickelt
Glass-fronted cabinet for the house am Horn,
1923
Various stained woods, glass, metal, nickel-
plated
Vitrine pour la maison am Horn, 1923
Différents bois teintés, verre, métal nickelé

2 Ausstellungsvitrine, 1925
Re-Edition von Tecta

2 Show-case, 1925
Re-edition of Tecta

2 Vitrine d'exposition, 1925
Réédition de Tecta

Haus am Horn, Weimar, 1923
House am Horn, Weimar, 1923
Maison am Horn, Weimar, 1923

Damenschlafzimmer
Lady's bedroom
Chambre de femme

Toilettentisch
Dressing-table
Coiffeuse

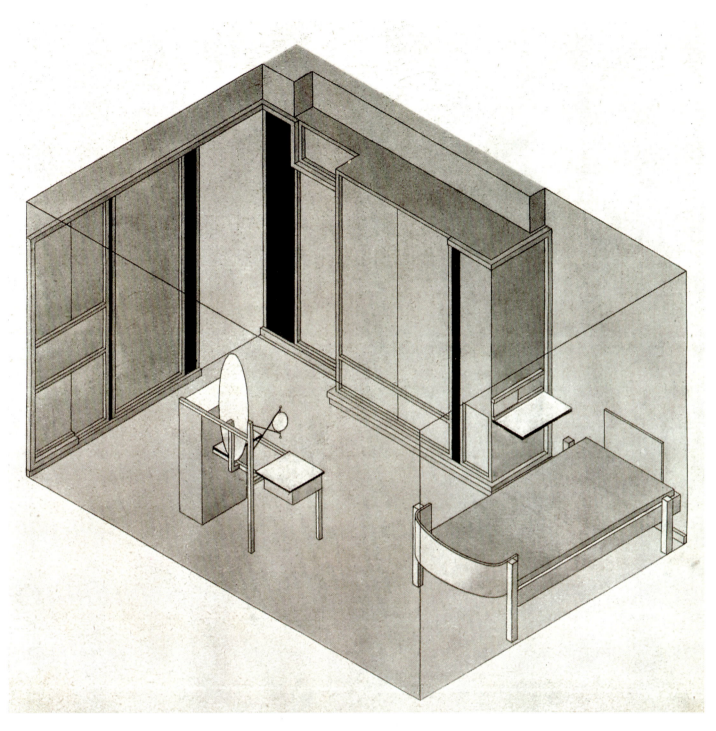

Isometrie des Damenschlafzimmers
Isometric projection of the lady's bedroom
Isométrie de la chambre de femme

Lattenstuhl, 1922 (1. Version)

Wood-slat chair, 1922 (1st version)

Fauteuil en lattis, 1922 (1re version)

Herbert Bayer: Bauhaus-Prospekt, 1925

Herbert Bayer: Bauhaus brochure, 1925

Herbert Bayer: Prospectus du Bauhaus, 1925

3 »Latten«-Stuhl ti 1 a, 1924

3 Wood-slat chair ti 1 a, 1924

3 Fauteuil en lattis ti 1a, 1924

Apartmenthaus, 1924

Apartment block, 1924

Armoire à rayonnages, 1924

Regalschrank, 1924

Bookcase, 1924

Immeuble, 1924

Schreibtisch, kombiniert mit Bücherregal, 1924
Tischler- und Sperrholzplatten, farbiger
Schleiflack

Writing-desk-cum-bookcase, 1924
Wood-core plywood and plywood, coloured
lacquer

Bureau combiné avec rayons à livres, 1924
Panneaux lattés et panneaux de contreplaqué,
vernis à poncer coloré

Vorderansicht
Front view
Vue de face

Rückansicht
Rear view
Vue arrière

Kinderstuhl ti 3a, 1923
Child's chair ti 3a, 1923
Chaise d'enfant ti 3a, 1923

Herbert Bayer: Bauhaus-Prospekt, 1925
Herbert Bayer: Bauhaus brochure, 1925
Herbert Bayer: Prospectus du Bauhaus, 1925

5 Kinderstuhl ti 3a, 1923

5 Child's chair ti 3a, 1923

5 Chaise d'enfant ti 3a, 1923

4 Stuhl ti 3d, 1923

4 Chair ti 3d, 1923

4 Chaise ti 3d, 1923

Schreibtisch, 1925
Kirschbaum und farbig lackierte Flächen

Writing-desk, 1925
Cherry, some surfaces painted

Bureau, 1925
Cerisier et surfaces laquées colorées

Mustereinrichtung Siedlung Dessau-Törten,
1926
Architekt: Walter Gropius
Stuhl und Hocker von Breuer

Show house furnishing for the Törten estate,
Dessau, 1926
Architect: Walter Gropius
Chair and stool by Breuer

Ameublement modèle de la cité de Dessau-
Törten, 1926
Architecte: Walter Gropius
Chaise et tabouret de Breuer

7 Hocker ti 13, 1924

7 Stool ti 13, 1924

7 Tabouret ti 13, 1924

6 Stuhl ti 2, 1924

6 Chair ti 2, 1924

6 Chaise ti 2, 1924

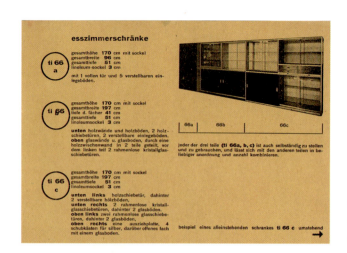

Bauhaus-Prospekt, 1926/27
Bauhaus brochure, 1926/27
Prospectus du Bauhaus, 1926/27

8 Vitrinenschrank ti 66c, 1926
8 Glass-fronted cabinet ti 66c, 1926
8 Armoire-vitrine ti 66c, 1926

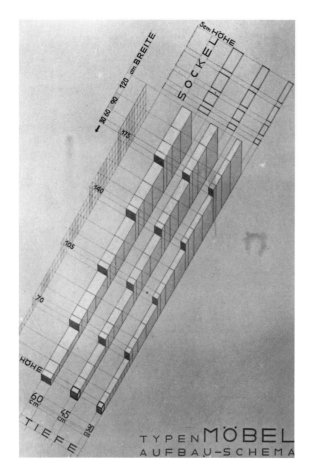

9 Vitrinenschrank ti 66b, 1926 ▷
9 Glass-fronted cabinet ti 66b, 1926
9 Armoire-vitrine ti 66b, 1926

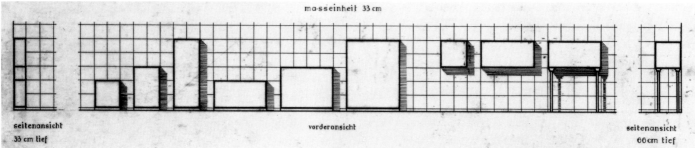

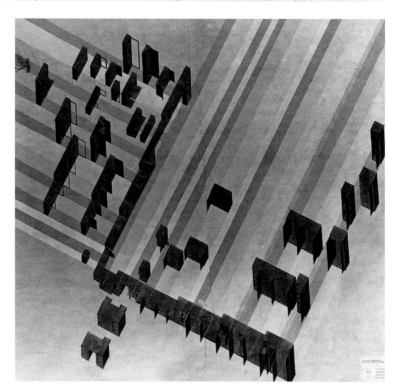

Modul-Schemata, ab 1925

Module systems, from 1925

Schémas modulaires, à partir de 1925

Kinderbett ti 11, 1926 ▷
Sperrholz, farbig lackiert

Cot ti 11, 1926
Plywood, painted

Lit d'enfant ti 11, 1926
Contreplaqué, laqué en couleur

▽ ▷ ▷
Einrichtung für den Sammler Thost, Hamburg,
1926

Furniture for the collector Thost, Hamburg,
1926

Ameublement pour le collectionneur Thost,
Hambourg, 1926

Aula im Bauhaus Dessau, 1926
Detailansicht der Klappsitzbestuhlung B 1

Lecture-hall in the Bauhaus Dessau, 1926
Folding chairs B 1, detail

Salle des fêtes du Bauhaus de Dessau, 1926
Vue détaillée du siège pliant B 1

Herbert Bayer: Bauhaus-Prospekt für
Standard-Möbel, 1927

Herbert Bayer: Bauhaus brochure for Standard-
Möbel, 1927

Herbert Bayer: Prospectus du Bauhaus pour
Standard-Möbel, 1927

THEATERSTUHL
mit Klappsitz.
Stoffsitz, Stoffrückenlehne,
schwarze Holzarmlehne

B 1   Sitzbreite ca. 550 mm

Die Rückenlehnen sind nachzuspannen.
Gummi-Anschlagringe, daher geräuschlos.

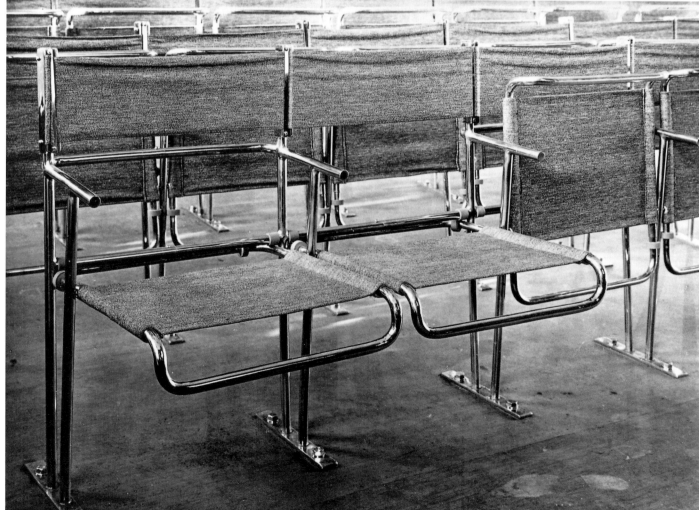

THEATERSTUHL mit Klappsitz.
Sitz, Rücken- und Armlehne aus schwarz mattiertem Holz.

B2   Sitzbreite ca. 550 mm
      Gummi-Anschläge.

10 Klappsitzbestuhlung, 1930/31 von Thonet weiterentwickelt
Vortragssaal im Bauhaus-Archiv, Berlin

10 Folding chairs, 1930/31 developed further by Thonet
Lecture-room in the Bauhaus-Archiv, Berlin

10 Siège pliant, 1930/31 développé ultérieurement de Thonet
Salle de conférence, Bauhaus-Archiv, Berlin

a

b

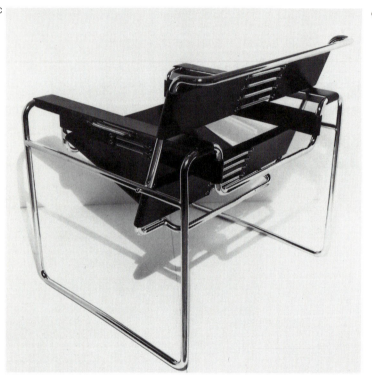

c

d

Wassily-Sessel
Entwicklungsstufen von 1925–1929

a. Bauhaus Dessau, 1925
c. Bauhaus Dessau, 1927

Wassily armchair
Design stages from 1925–1929

a. Bauhaus Dessau, 1925
c. Bauhaus Dessau, 1927

Fauteuil Wassily
Phases d'étude 1925–1929

a. Bauhaus Dessau, 1925
c. Bauhaus Dessau, 1927

e

11 b. Bauhaus Dessau, 1926

12 d. Standard-Möbel B 3, 1927

13 Standard-Möbel / Thonet B 3, 1927/28

14 e. Thonet B 3, 1930/31

(nicht Breuer) (not by Breuer) (pas de Breuer)

Klappsessel B 4 (1. Version)
Studenten-Atelier Bauhaus Dessau

Folding armchair B 4 (1st version)
Students' workshop, Bauhaus Dessau

Fauteuil pliant B 4 (1re version)
Atelier des étudiants du Bauhaus de Dessau

Zusammenklappbarer **KLUBSESSEL**
mit Stoffbespannung

D R P a

Gewicht	ca.	5	kg
Gesamtbreite	ca. 770 mm		
Gesamttiefe	ca. 610 mm		

B4

Die Stoffarmlehnen spannen sich
durch die Körperlast automatisch.
Wenn Sitzrahmen ausgehängt, u.
Sessel zusammengeklappt, nur 150
mm tief.

Besonders geeignet für Schiffe, Sportplätze, Te-
rassen, Sommerhäuser, Gärten, Gartencafes etc.

15 Klappsessel B 4, 1927 (2. Version)

15 Folding armchair B 4, 1927 (2nd version)

15 Fauteuil pliant B 4, 1927 (2e version)

16 Stuhl (Vorläufer B 5), 1926
16 Chair (precursor of B 5), 1926
16 Chaise (précurseur B 5), 1926

17 Stuhl B 5, 1926/27
17 Chair B 5, 1926/27
17 Chaise B 5, 1926/27

Werkbundausstellung Paris, 1930
mit von Thonet verändertem B 5
Ausstellungsgestaltung: Walter Gropius

Werkbund exhibition, Paris, 1930, with the
Thonet variation on B 5
Exhibition design: Walter Gropius

Exposition du Werkbund, Paris, 1930, avec le
B 5 modifié par Thonet
Conception de l'exposition: Walter Gropius

Ateliertisch, 1926

Work-bench, 1926

Table d'atelier, 1926

Marianne Brandt in ihrem Studentenatelier im
Bauhaus Dessau

Marianne Brandt in her student workshop in
the Bauhaus Dessau

Marianne Brandt dans son atelier d'étudiants au
Bauhaus de Dessau

Schreibtisch mit Arbeitsplätzen für Ise und Walter Gropius in ihrem Meisterhaus, 1925/26 Kirschbaum und schwarz polierte Flächen

Writing-desk with work-stations for Ise and Walter Gropius in their »master's house«, 1925/26 Cherry and black polished surfaces

Bureau avec les places de travail de Ise et Walter Gropius dans leur maison de maître, 1925/26 Cerisier et surfaces noircies et polies

DREHSTUHL
mit Holzsitz und Stoffrückenlehne

Besonders geeignet für Büros, für Schreib- u. Arbeitstische und als bequeme Sitzgelegenheit der Hausfrau für die Küche

B7a

DREHSTUHL

B7

mit Holzsitz und Holzrückenlehne

RÜCKEN-LEHNSTUHL
mit Holzsitz und Holzrückenlehne

B6

Gewicht	ca. 3 kg
Sitzhöhe	ca. 450 mm
Gesamtbreite	ca. 400 mm
Gesamttiefe	ca. 450 mm
Gesamthöhe	ca. 900 mm

Kantine im Bauhaus Dessau, 1926
Tische und Hocker von Breuer, 1925/26

Canteen in the Bauhaus Dessau, 1926
Tables and stools by Breuer, 1925/26

Cantine au Bauhaus de Dessau, 1926
Tables et tabourets de Breuer, 1925/26

Studentenatelier im Bauhaus Dessau
Student workshop in the Bauhaus Dessau

Atelier d'étudiants au Bauhaus de Dessau

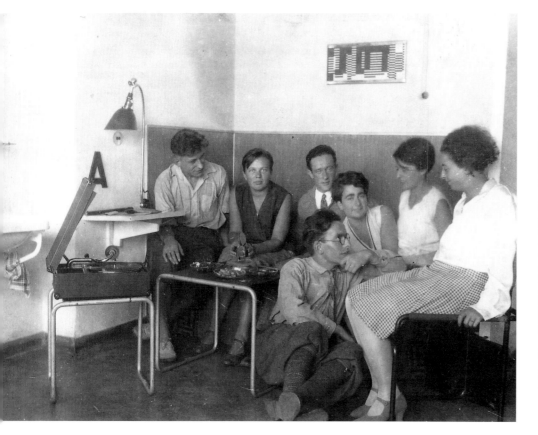

HOCKER   mit Holzsitz

B9

Gesamtbreite	ca. 450 mm
Gesamttiefe	ca. 390 mm
Höhe	ca. 450 mm

Hocker, 1925

Stool, 1925

Tabouret, 1925

18 Satztische B 9, 1925/26

18 Nest of tables B 9, 1925/26

18 Série de tables B 9, 1925/26

a

b

c

Bauhaus Dessau
Meisterhäuser, 1926

a. Wohnraum Moholy-Nagy (Gestaltung: Moholy-Nagy)
b. Schreibtisch und Container mit Schubkästen im Wohnraum Muche
c. Detail aus Wandregal
d. Wohnraum mit Wandregal, Haus Gropius

Bauhaus Dessau
Master's houses, 1926

a. Living room for Moholy-Nagy (design: Moholy-Nagy)
b. Writing-desk and cabinet with drawers in Muche's living room
c. Wall shelves, detail
d. Living room with wall shelves, Gropius' house

Bauhaus Dessau
Maisons de maître, 1926

a. Séjour Moholy-Nagy (conception: Moholy-Nagy)
b. Bureau et «container» avec tiroirs dans le séjour Muche
c. Détail de rayonnage mural
d. Séjour avec rayonnage mural, maison Gropius

d

Hildegard Piscator in Wohnung Piscator, Berlin
1927

Hildegard Piscator in the Piscator apartment,
Berlin, 1927

Hildegard Piscator dans l'appartement Piscator,
Berlin, 1927

toilettentisch
der spiegel 175 x 40 ist an der wand mit 2 holz-
leisten, sonst rahmenlos angeschraubt.
der tisch 75 x 30 hat eine glasplatte, 3 schub-
kasten und ist ebenfalls an der wand befestigt.
(glasplatte 75 cm vom fußboden).

ti 60

Bauhaus-Prospekt, 1926/27
Bauhaus brochure, 1926/27
Prospectus du Bauhaus, 1926/27

19 Toilettentisch ti 60 mit Spiegel, 1925/26
19 Dressing-table ti 60 with mirror, 1925/26
19 Coiffeuse ti 60 avec miroir, 1925/26

a

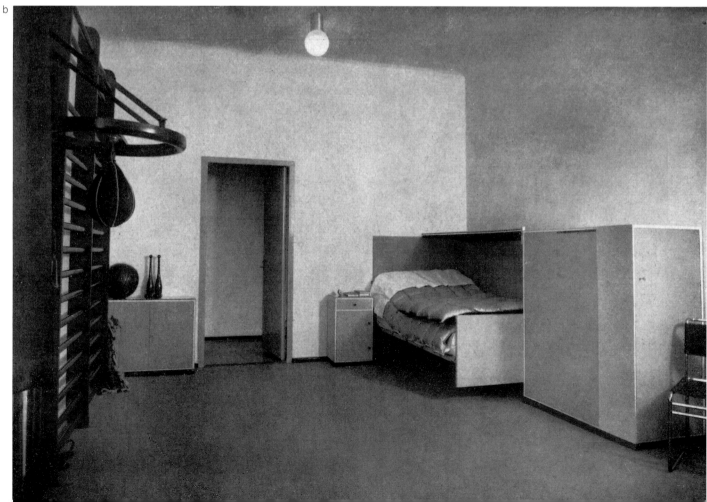

b

Wohnung Piscator, Berlin, 1927

a. Eßzimmer
b. Herrenschlafzimmer
c. Wohnraum
d. Eßzimmer mit Blick in den Wohnraum

Piscator apartment, Berlin, 1927
a. Dining room
b. Gentleman's bedroom
c. Living room
d. Dining room looking through living room

Appartement Piscator, Berlin, 1927
a. Salle à manger
b. Chambre d'homme
c. Séjour
d. Salle à manger avec vue sur le séjour

c

d

Einbauküche in der Wohnung Piscator, 1927

Built-in kitchen in the Piscator apartment, 1927

Cuisine à éléments dans l'appartement
Piscator, 1927

20 Küchenschrank, 1929
Einrichtung Vogeler, Berlin

20 Kitchen cupboard, 1929
from the furnishings of the Vogeler household,
Berlin

20 Buffet de cuisine, 1929
Ameublement Vogeler, Berlin

Damenschlafzimmer in der Wohnung Piscator, 1927

Lady's bedroom in the Piscator apartment, 1927

Chambre de femme dans l'appartement Piscator, 1927

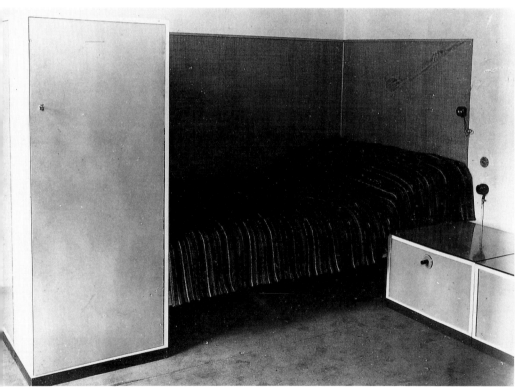

21 Zwei niedrige Schränkchen, 1927   22 »Container«, 1927

21 Two low cupboards, 1927   22 Cabinet, 1927

21 Deux petits meubles bas, 1927   22 «Container», 1927

der schrank geöffnet   der schrank geschlossen

damenschrank

mit sockel **175** cm hoch, **180** cm breit,
60 cm tief, linoleumsockel **3** cm.

(ti 113)

links 4 züge für wäsche, in der mitte kleiderstange für kürzere kleider, rechts kleiderstange
für längere kleider u. mäntel.

unter dem linken u. mittleren teil 2 herausziehbare schuh-
kästen, über dem mittleren u. rechten teil hutfach mit klapptür.

der schrank wird zerlegbar gearbeitet.

der schrank geschlossen.   geöffnet

herrenschrank

gesamthöhe	**175** cm	mit sockel
gesamtbreite	**180** cm	
gesamttiefe	**60** cm	
linoleumsockel	**3** cm	

(ti 114)

links 4 züge für wäsche, darunter schuhfach mit ausziehboden.

mitte kleiderstange für kurze kleidungsstücke, darunter auszieh-
barer rahmen mit vernickelten metallstangen für hosen.

rechts kleiderstange für längere kleidungsstücke, darüber hutfach.

zerlegbar gearbeitet.

Bauhaus-Prospekte, 1926/27
Bauhaus brochures, 1926/27
Prospectus du Bauhaus, 1926/27

23 Kleiderschrank ti 113, 1927
23 Wardrobe ti 113, 1927
23 Penderie ti 113, 1927

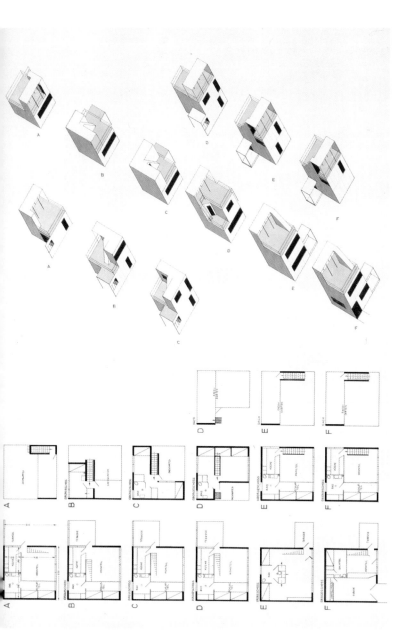

Projekt für vorfabrizierte Klein-Metallhäuser, 1927

Project for prefabricated small metal houses, 1927

Projet pour de petites maisons en métal préfabriquées, 1927

Mosaikboden für die Einrichtung Heinersdorff, Berlin, 1929

Mosaic floor for the interior decoration of the Heinersdorff house, Berlin, 1929

Sol mosaïque pour l'ameublement Heinersdorff, Berlin, 1929

Klein-Metallhaus, 1926

Small metal house, 1926

Petite maison en métal, 1926

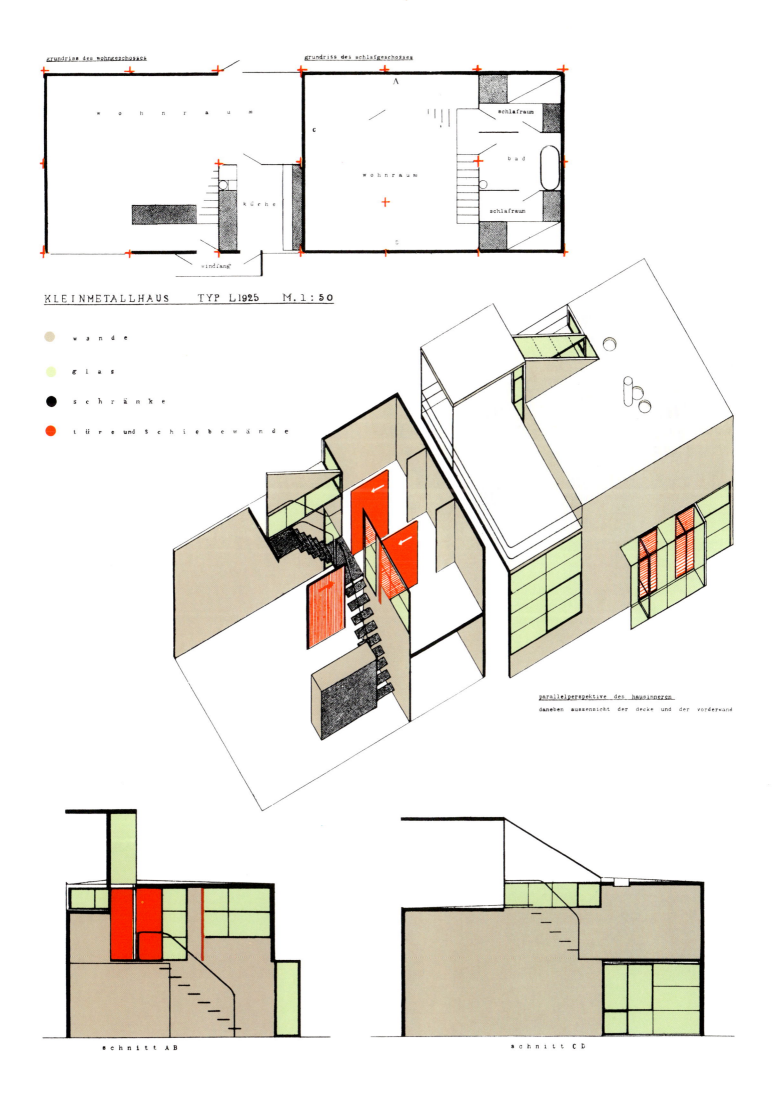

grundriss des wohngeschosses   grundriss des schlafgeschosses

A

w o h n r a u m   schlafraum

C   b a d

w o h n r a u m

k ü c h e   schlafraum

B

windfang

KLEINMETALLHAUS   TYP L1925   M. 1 : 50

● w ä n d e

● g l a s

● s c h r ä n k e

● t ü r e und s c h i e b e w ä n d e

parallelperspektive des hausinneren

daneben aussensicht der decke und der vorderwand

s c h n i t t A B   s c h n i t t C D

Berlin, Schweiz
1928–1934

Berlin, Switzerland
1928–1934

Berlin, Suisse
1928–1934

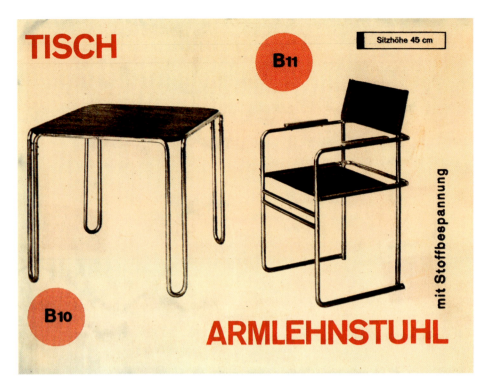

25 Armlehnstuhl B 11, 1926/27 (1. Version)

25 Armchair B 11, 1926/27 (1st version)

25 Fauteuil à accoudoirs B 11, 1926/27
(1re version)

26 Armlehnstuhl B 11, 1927 (2. Version)

26 Armchair B 11, 1927 (2nd version)

26 Fauteuil à accoudoirs B 11, 1927
(2e version)

27 Stuhl B 33, 1927/28
27 Chair B 33, 1927/28
27 Chaise B 33, 1927/28

c

a

b

a, b, c
Vom Hocker (1925) zum Freischwinger (1927)

From stool (1925) to cantilever (1927)

Du tabouret (1925) au siège à oscillation libre (1927)

29 Kinder-Armlehnstuhl B 34 1/2, 1929
(2. Version)

29 Child's armchair B 34 1/2, 1929
(2nd version)

**29 Fauteuil d'enfant à accoudoirs B 34 1/2,
1929** (2e version)

28 Armlehnstuhl B 34, 1928 (1. Version)

28 Armchair B 34, 1928 (1st version)

28 Fauteuil à accoudoirs B 34, 1928
(1re version)

Thonet-Prospekt, 1930/31

Thonet brochure, 1930/31

Prospectus Thonet, 1930/31

30 Stuhl B 32, 1928   31 Armlehnstuhl B 64, 1928

30 Chair B 32, 1928   31 Armchair B 64, 1928

30 Chaise B 32, 1928   31 Fauteuil à accoudoirs B 64, 1928

B 32
Thonet

B 64
Thonet

32 Beistelltisch B 12, 1928
32 Side-table B 12, 1928
32 Desserte B 12, 1928

33 Regal B 22, 1928
33 Shelves B 22, 1928
33 Rayonnages B 22, 1928

B 12   Thonet   B 22

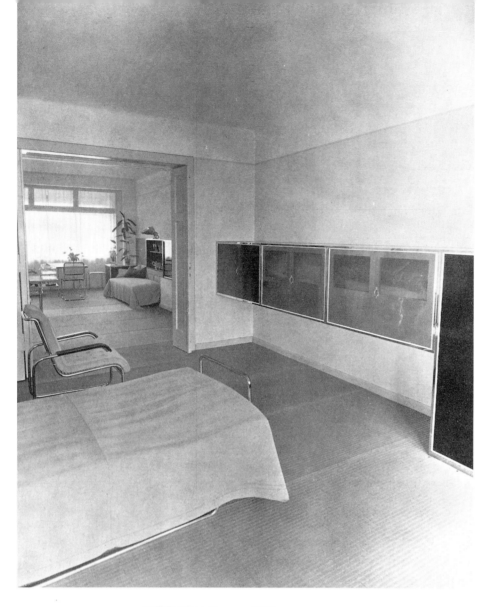

Einrichtung De Francesco, Berlin, 1929

Furnishings for the De Francesco household,
Berlin, 1929

Ameublement De Francesco, Berlin, 1929

Prototyp
Variante des B 35, DESTA, 1929/30
(Breuer?)

Prototype
Variant of the B 35, DESTA, 1929/30
(Breuer?)

Prototype
Variante du B 35, DESTA, 1929/30
(Breuer?)

34 Armlehnsessel B 35, 1928/29

34 Armchair B 35, 1928/29

34 Fauteuil à accoudoirs B 35, 1928/29

Einrichtung Vogeler, Berlin, 1929

Furnishings for the Vogeler household, Berlin, 1929

Ameublement Vogeler, Berlin, 1929

35 Armlehnsessel KS 41, 1929
DESTA (Breuer?)

35 Armchair KS 41, 1929
DESTA (Breuer?)

35 Fauteuil à accoudoirs KS 41, 1929
DESTA (Breuer?)

36 Schrank, 1927

36 Cupboard, 1927

36 Armoire, 1927

37 Beistelltisch B 23, 1928 (1. Version)

37 Side-table B 23, 1928 (1st version)

37 Desserte B 23, 1928 (1re version)

B 23 (2. Version)
B 23 (2nd version)
B 23 (2e version)

38 Tisch B 14, 1928
38 Table B 14, 1928
38 Table B 14, 1928

B 14
Thonet

Teewagen B 54, 1928 (1. Version)

Tea-trolley B 54, 1928 (1st version)

Table roulante B 54, 1928 (1re version)

Einrichtung Boroschek, Berlin, 1930

Furnishings for the Boroschek household,
Berlin, 1930

Ameublement Boroschek, Berlin, 1930

39 Teewagen B 54, 1932
(2. Version, nicht Breuer)

39 Tea-trolley B 54, 1932
(2nd version, not Breuer)

39 Table roulante B 54, 1932
(2e version, pas de Breuer)

Einrichtung Boroschek, Berlin, 1930

Furnishings for the Boroschek household, Berlin, 1930

Ameublement Boroschek, Berlin, 1930

Einrichtung von der Heydt, Berlin, 1930

Furnishings for the von der Heydt household, Berlin, 1930

Ameublement von der Heydt, Berlin, 1930

40 Tisch B 19, 1928

40 Table B 19, 1928

40 Table B 19, 1928

41 Schreibmaschinentisch B 21, 1928
41 Typewriter table B 21, 1928
41 Bureau de dactylographe B 21, 1928

Thonet-Prospekt, 1930/31
Einband

Thonet brochure, 1930/31
Cover

Prospectus Thonet, 1930/31
Couverture

42 Schreibtisch B 65, 1929/30
(Breuer?)

42 Writing-desk B 65, 1929/30
(Breuer?)

42 Bureau B 65, 1929/30
(Breuer?)

B 7a   Thonet   B 65

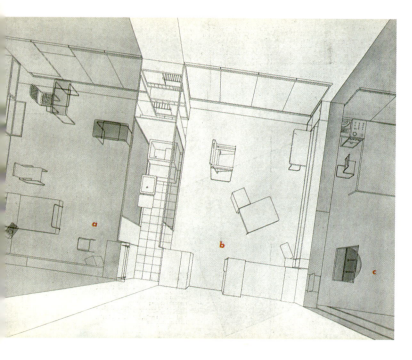

Werkbundausstellung, Paris, 1930
Werkbund exhibition, Paris, 1930
Exposition du Werkbund, Paris, 1930

Apartment für ein Wohn-Hotel
Apartment for a residential hotel
Appartement pour un hôtel garni

Damenzimmer
Lady's room (drawing-room)
Chambre de femme

Herrenzimmer
Gentleman's room (smoking-room)
Chambre d'homme

43 Armlehnsessel mit verstellbarer Rückenlehne B 25, 1928/29

43 Armchair with adjustable back B 25,
1928/29

43 Fauteuil à accoudoirs avec dossier
réglable B 25, 1928/29

44 Tisch B 18, **1928** (1. Version)
44 Table B 18, **1928** (1st version)
44 Table B 18 (1re version)

45 Armlehnstuhl B 55, **1928/29**
45 Armchair B 55, **1928/29**
45 Fauteuil à accoudoirs B 55, **1928/29**

B 55
Thonet

46 Tisch B 27, 1928
46 Table B 27, 1928
46 Table B 27, 1928

47 Armlehnstuhl B 46, 1928/29
47 Armchair B 46, 1928/29
47 Fauteuil à accoudoirs B 46, 1928/29

B 46
Thonet

Haus für einen Sportsmann, Berlin
Bauausstellung 1931

House for a sportsman, Berlin
Building exhibition 1931

La maison du sportif, Berlin
Salon du Bâtiment, 1931

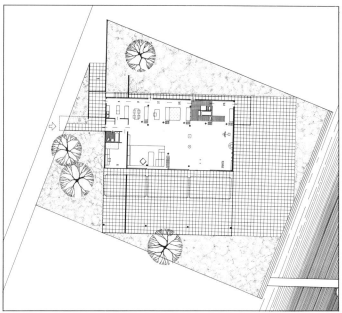

Grundriß

Groundplan

Plan

Einrichtung für eine Gymnastiklehrerin, Berlin,
1930

Furnishing for a lady gymnastics teacher,
Berlin, 1930

Ameublement pour un professeur de
gymnastique, Berlin, 1930

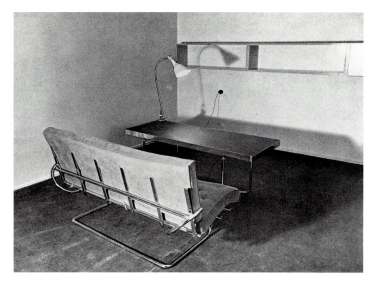

70 qm Apartment, Berlin, Bauausstellung, 1931

Apartment, floor area 70 sq.m., Berlin
Building exhibition, 1931

Appartement de 70 m², Berlin
Salon du Bâtiment, 1931

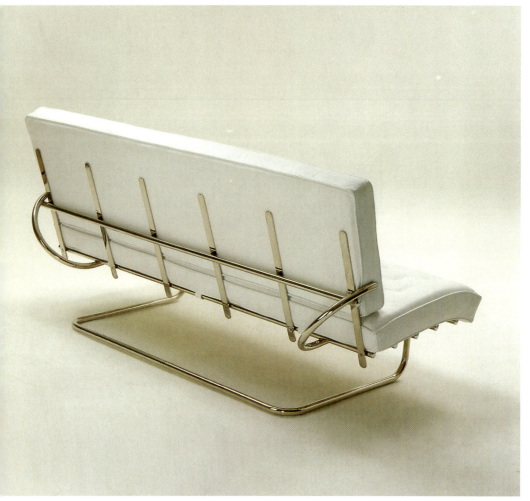

48 Gepolsterte Sitzbank, 1930/31
Re-Edition von Tecta

48 Upholstered bench, 1930/31
Re-edition of Tecta

48 Banquette rembourrée, 1930/31
Réédition de Tecta

49 Verstellbarer Armlehnsessel, 1931/32
Herst.: Metz & Co, Amsterdam

49 Adjustable armchair, 1931/32
Manufactured by: Metz & Co, Amsterdam

49 Fauteuil à accoudoirs réglable, 1931/32
Fabricant: Metz & Co, Amsterdam

Haus Harnischmacher, Wiesbaden, 1932

a. Sideboard mit Armlehnsessel im
   Wohnraum
b. Armlehnsessel, 1929
c. Bibliothek mit Liegestuhl von 1929
d. Blick vom Wohnraum in das Eßzimmer

House Harnischmacher, Wiesbaden, 1932

a. Sideboard with armchair in living room
b. Armchair, 1929
c. Library with chaise-longue, 1929
d. View from living room through to
   dining room

Maison Harnischmacher, Wiesbaden, 1932

a. Buffet avec fauteuil à accoudoirs dans le
   séjour
b. Fauteuil à accoudoirs, 1929
c. Bibliothèque avec chaise longue de 1929
d. Vue de la salle à manger depuis le séjour

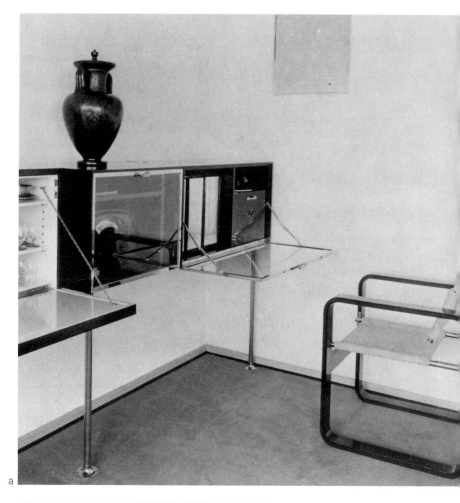

a

b

Apartment-Häuser Doldertal, Zürich, 1934
(mit Alfred und Emil Roth)

Apartment houses, Doldertal, Zurich, 1934
(with Alfred and Emil Roth)

Immeuble Doldertal, Zurich, 1934
(avec Alfred et Emil Roth)

Wohnausstellung, 1936
(nicht Breuer)
Möbel von Wohnbedarf, Zürich

Furniture exhibition, 1936
(not Breuer)
Furniture from Wohnbedarf, Zurich

Salon du Bâtiment, 1936
(pas de Breuer)
Meubles Wohnbedarf, Zurich

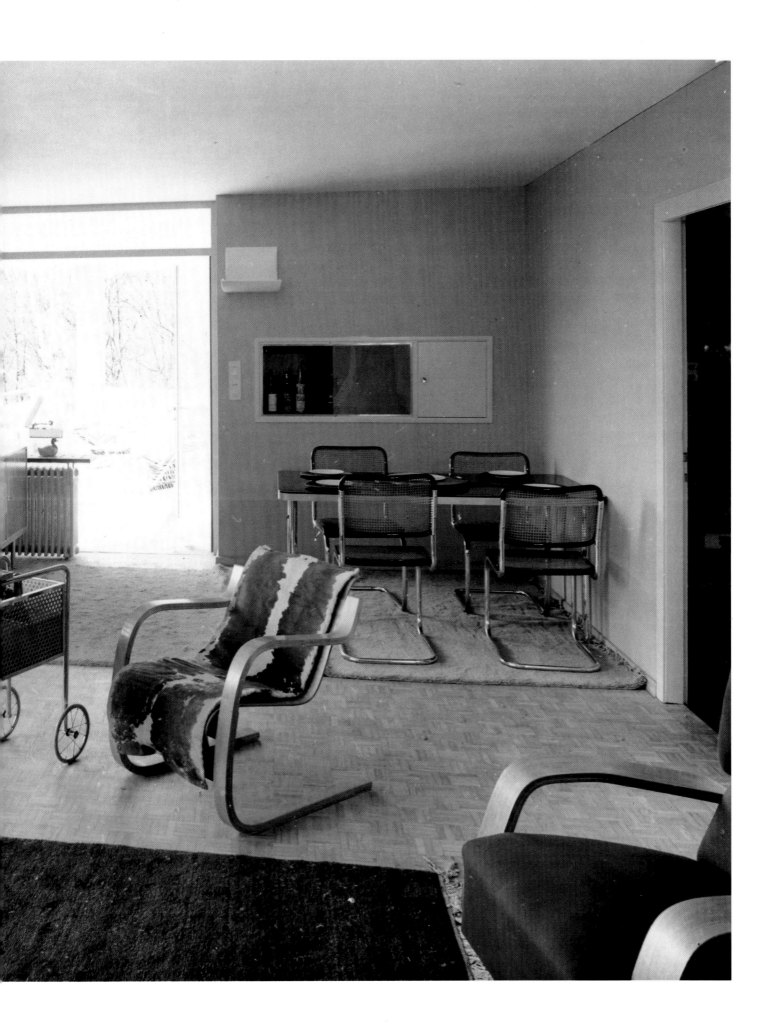

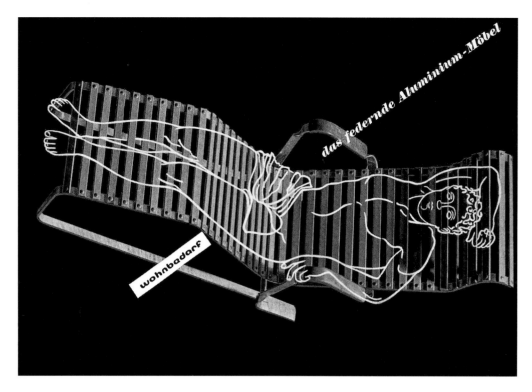

Herbert Bayer:
Katalogumschlag Wohnbedarf, 1933

Herbert Bayer:
Catalogue cover for Wohnbedarf, 1933

Herbert Bayer:
Couverture du catalogue Wohnbedarf, 1933

50 Liegesessel, 1932/34

50 Chaise-longue, 1932/34

50 Fauteuil de relaxation, 1932/34

◁

Einrichtung einer Kleinwohnung, 1934 (nicht
Breuer) in der Schweizer Werkbundsiedlung
Neubühl von 1932

Furnishing for a small flat, 1934 (not Breuer) in
the Swiss Werkbund estate at Neubühl, 1932

Ameublement d'un petit appartement, 1934
(pas de Breuer) dans la cité du Werkbund
suisse Neubühl de 1932

Herbert Bayer:
Katalogumschlag Wohnbedarf, 1934

Herbert Bayer:
Catalogue cover for Wohnbedarf, 1934

Herbert Bayer:
Couverture du catalogue Wohnbedarf, 1934

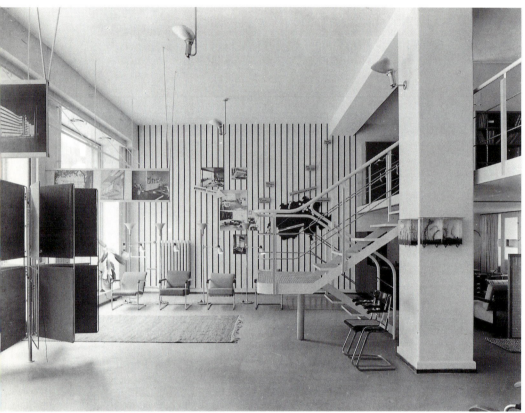

◁ ▷

Innenausbau und Einrichtung
Wohnbedarf, Zürich, 1932/33
(Bauausführung mit Robert Winkler)

Interior design and furnishing
Wohnbedarf, Zurich, 1932/33
(Building works together with Robert Winkler)

Second œuvre et ameublement
Wohnbedarf, Zurich, 1932/33
(Exécution des travaux avec Robert Winkler)

345

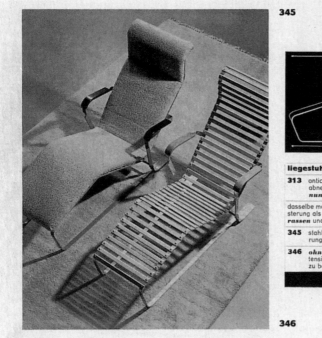

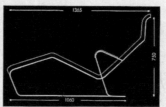

liegestuhl

313 anticorodal, federnd, mit eingehängter, leicht abnehmbarer polsterung. für die *wohnung, erholungsstätten.*

dasselbe modell ist mit leichterer, wasserfester polsterung als bequemer liegestuhl für *garten, terrassen* und *strand* zu beziehen.

345 stahl, federnd, ähnlich wie 313, mit polsterung für die wohnung.

346 *ohne* polsterung, mit elastischem holzlattensitz als bequemer stuhl für den *garten* zu beziehen.

wohnbedarf typ

346

Herbert Bayer: Katalogblätter Wohnbedarf, 1934
Fotos: Hans Finsler

Herbert Bayer: Catalogue pages for Wohnbedarf, 1934
Photos: Hans Finsler

Herbert Bayer: Feuilles de catalogue Wohnbedarf, 1934
Photos: Hans Finsler

322 b

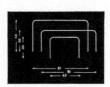

blumentische

322 hoch 30 cm, lang 45 cm
anticorodal, für wohnung, wintergarten, schaufenster und ladendekoration.

322 a hoch 30 cm, lang 81 cm

322 b hoch 45 cm, lang 81 cm

wohnbedarf typ

322   **322 a**

312
343

sessel
311 anticorodal, federnd, mit abnehmbarer polsterung.

derselbe sessel mit wasserfester polsterung als *gartensessel.*

341 stahl, federnd, ähnlich wie 311. mit polsterung für die wohnung.

342 mit elastischem holzlattensitz als bequemer *gartensessel* zu beziehen.

312 anticorodal, *mit kopflehne,* ausführungen wie 311.

343 stahl, mit kopflehne, ausführungen wie 341 und 342.
344

311
341

51 Armlehnsessel, 1932/34

51 Armchair, 1932/34

51 Fauteuil à accoudoirs, 1932/34

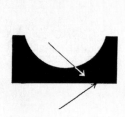

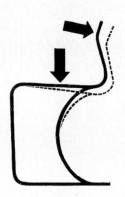

homogenität :
bis zur oberfläche durch und durch
anticorodal.

leichtigkeit :
nicht nur elastisch wie eine feder,
sondern leicht wie eine feder.

beweglichkeit :
die bewegungsfreiheit wird durch
die armlehnen nicht gehindert.

Herbert Bayer: Katalogblätter Wohnbedarf,
1934
Fotos: Hans Finsler

Herbert Bayer: Catalogue pages for
Wohnbedarf, 1934
Photos: Hans Finsler

Herbert Bayer: Feuilles de catalogue Wohnbedarf, 1934
Photos: Hans Finsler

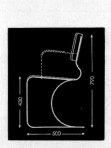

stuhl

303 anticorodal, federnd,
joncsitz und lehne. ge-
eignet für *wohnung,
speisezimmer,
restaurants.*

stuhl mit armlehne

304 anticorodal, federnd.

wohnbedarf typ

303　　　　　304

stuhl

301 anticorodal, federnd, sperrholzsitz, besonders
geeignet für *cafés, restaurants, büros.*

331 stahl, ähnlich wie 301, *der billigste federnde
stuhl!*

305 anticorodal, federnd, mit lattensitz für *gärten,
terrassen.*

335 stahl, federnd, ähnlich wie 305, für *gärten,
terrassen.*

wohnbedarf typ

301

301

305

52 Stuhl, 1932/34

52 Chair, 1932/34

52 Chaise, 1932/34

England, USA
1935–1950

England, USA
1935–1950

Angleterre, Etats-Unis
1935–1950

a

b

Einrichtung Ventris, London, 1936
(Breuer + Yorke)

a. Toilettentisch
b. Eßzimmer
c. Armlehnsessel
Sperrholzstuhl, 1936, Prototyp
Herst.: Isokon

Furnishing for Ventris, London, 1936
(Breuer + Yorke)

a. Dressing-table
b. Dining room
c. Armchair
Plywood chair, 1936, prototype
Manufactured by Isokon

Ameublement Ventris, Londres, 1936
(Breuer + Yorke)

a. Coiffeuse
b. Salle à manger
c. Fauteuil à accoudoirs
Chaise en contreplaqué, 1936, prototype
Fabricant: Isokon

c

Einrichtung Ventris, London, 1936
Furnishing for Ventris, London, 1936
Ameublement Ventris, Londres, 1936

Wohnraum
Living room
Séjour

Radio-Phono-Sideboard
Radiogram sideboard
Buffet radio-phono

54 Liegesessel, Isokon, 1935/36

54 Chaise-longue, Isokon, 1935/36

54 Fauteuil de relaxation, Isokon, 1935/36

Stuhl und Armlehnstuhl, 1936
Sperrholz
Prototypen

Chair and armchair, 1936
Plywood
Prototypes

Chaise et fauteuil à accoudoirs, 1936
Contreplaqué
Prototypes

55 Satztische, Isokon, 1936

55 Nest of tables, Isokon, 1936

55 Série de tables, Isokon, 1936

56 Armlehnsessel, Isokon, 1936

56 Armchair, Isokon, 1936

56 Fauteuil à accoudoirs, Isokon, 1936

Haus Breuer, Lincoln (MA), 1939

Breuer's house, Lincoln (MA), 1939

Maison Breuer, Lincoln (MA), 1939

a

Haus Geller, 1945
Lawrence, Long Island

a. Stapelstuhl
b. Wohnraum
c. Armlehnsessel
d. Armlehnsessel
Alle Möbel cut-out plywood

Geller's house, 1945
Lawrence, Long Island

a. Stacking chair
b. Living room
c. Armchair
d. Armchair
All pieces cut-out plywood

Maison Geller, 1945
Lawrence, Long Island

a. Chaise empilable
b. Séjour
c. Fauteuil à accoudoirs
d. Fauteuil à accoudoirs
Tous les meubles sont en contreplaqué

c

Haus Breuer I, 1947
New Canaan (CN)

Wohnraum mit Blick zum Eßplatz
Radio-Couchtisch von Breuer

Breuer's house I, 1947
New Canaan (CN)

Living room with view through to dining area
Radio coffee-table by Breuer

Maison Breuer I, 1947
New Canaan (CN)

Séjour avec vue sur la salle à manger
Table basse-radio de Breuer

Terrasse
Breuer Haus I, 1947
Mit Conny und Marcel Breuer

Verandah, Breuer's house I, 1947
With Conny and Marcel Breuer

Terrasse, Maison Breuer I, 1947
Avec Conny et Marcel Breuer

Eßplatz im MoMA Haus, 1949

Dining area in the MoMA house, 1949

Salle à manger dans la maison MoMA, 1949

57 Stuhl, 1948

57 Chair, 1948

57 Chaise, 1948

Musterhaus
The Museum of Modern Art, New York 1949

Wohnraum mit Fernseher
und Radio-Couchtisch von Breuer
Sessel von Eero Saarinen

Show house
The Museum of Modern Art, New York 1949

Living room with television
and radio coffee-table by Breuer
Sofa by Eero Saarinen

Maison modèle
The Museum of Modern Art, New York 1949

Séjour avec téléviseur
et table basse-radio de Breuer
Fauteuil de Eero Saarinen

Caesar Wochenendhaus, 1951
Lakeville (CN)

Caesar weekend house, 1951
Lakeville (CN)

Maison de week-end Caesar, 1951
Lakeville (CN)

a. Vorderansicht

a. Front view

a. Vue de face

b. Terrasse

b. Verandah

b. Terrasse

c. Kamin im Wohnschlafraum

c. Fireplace in bed-sitting room

c. Cheminée dans séjour/chambre à coucher

58 Modell, Rückansicht

58 Model, rear view

58 Maquette, vue arrière

Marcel Breuer: 1902–1981

Leben und Werk

Marcel Breuer
Photo: Erich Consemüller, Nachlaß
Erich Consemüller, Privatbesitz

Marcel Breuer wurde am **22. Mai 1902** in Pécs/Ungarn geboren. Ein Stipendium für die Akademie der Bildenden Künste führt ihn **1920** nach Wien. Nach einem kurzen Besuch verläßt er die Akademie, unzufrieden mit dem dort Geschehenden. Anschließend arbeitet Breuer einige Wochen in einem Wiener Architekturbüro. Von Fréd Forbát erfährt er vom Bauhaus in Weimar, das im Vorjahr gegründet worden ist.

Breuer bewirbt sich noch **1920** am Bauhaus und absolviert eine Lehre in der Tischlerei. Im folgenden Jahr entsteht dort sein »Afrikanischer Stuhl« und ab **1922** der Holz-Lattenstuhl, eines der wichtigsten Objekte des Bauhauses in dieser Zeit. Für das »Haus am Horn«, das zur Bauhaus-Ausstellung **1923** in Weimar entsteht, entwirft und baut Breuer die Möbel des Wohnraums und des Damenschlafzimmers mit dem Toilettentisch, seinem Gesellenstück. In diesen Jahren entstehen erste Architekturentwürfe, obwohl Breuer ohne reguläre Archtikturausbildung bleibt.

Nach der Gesellenprüfung **1924** geht Breuer nach Paris, wo er für kurze Zeit in einem Architekturbüro arbeitet. **1925** kehrt Breuer zurück ans Bauhaus, das zum April nach Dessau umzieht. Als »Jungmeister« wird er Leiter der Mö-

belwerkstatt. Noch im gleichen Jahr entsteht mit dem Sessel »B3« der erste Stahlrohrstuhl. Es entstehen in schneller Folge weitere Entwürfe für Stahlrohrmöbel, darunter Stühle, Sessel, Tische und Schränke. Diese werden ab **1927** von der Firma Standard-Möbel in Berlin hergestellt und vertrieben, seit **1928/29** dann auch von Thonet.

Für die neuen Bauhausbauten entwirft er die Einrichtungen der Meisterhäuser und Möbel für das Schulgebäude. Seitdem entstehen zahlreiche Wohnungseinrichtungen, darunter die Wohnung Piscator in Berlin **(1927)**.

Die Auseinandersetzung mit standardisierten und normierten Formen findet ihren Ausdruck in Möbel-, aber ebenso in seinen frühen Architekturentwürfen, darunter das Kleinmetallhaus von **1926** und das Bambos Haus **1927**. Er verläßt das Bauhaus zum **April 1928** gemeinsam mit Walter Gropius und eröffnet in Berlin ein Architekturbüro, wo er den ehemaligen Bauhausschüler Gustav Hassenpflug beschäftigt. Er arbeitet weiterhin als Innenarchitekt für Wohnungen und Läden sowie als Möbelentwerfer, während seine zahlreichen Architekturprojekte unausgeführt bleiben.

Auf der deutschen Abteilung der Pariser Ausstellung der Société des Artistes Décoratifs Français, die Gropius im Auftrag des Deutschen Werkbundes **1930** zusammen mit Breuer und Herbert Bayer einrichtet, zeigt Breuer ein Damen- und ein Herrenzimmer sowie einen Büroraum.

Auf der Bauausstellung von **1931** in Berlin ist Breuer mit einem »Haus für einen Sportsmann« und einem 70 m²-Apartment vertreten. Im **November 1931** hält Breuer vor dem Schweizer Werkbund in Zürich einen Vortrag über »Die Wohnung und ihre Einrichtung«. Wegen der allgemeinen wirtschaftlichen Lage erhält Breuer Anfang der dreißiger Jahre wenig Aufträge; er unternimmt in diesem Jahr Reisen nach Griechenland, Spanien und Nordafrika.

Erst **1932** entsteht mit dem Haus Harnischmacher in Wiesbaden sein erster ausgeführter Bau, **1934** folgen in Zürich für Sigfried Giedion die Doldertal-Häuser (gemeinsam mit Alfred und Emil Roth).

Seit **1932** arbeitet Breuer an Möbeln aus Aluminium, die ein Jahr später auf einem Wettbewerb in Paris ausgezeichnet werden. Ab **1934** werden die Stühle in Serie produziert.

1933/34 hält sich Breuer vorwiegend in der Schweiz und in Budapest auf, wo er mit dem Bauhäusler Farkas Molnár und Josef Fischer erfolglos ein Architekturprojekt bearbeitet.

Seinen wichtigsten Vortrag zur Architektur mit dem Titel »Wo stehen wir?« hält Breuer im **April 1934** im Züricher Kunstgewerbemuseum.

Im **August 1935** siedelt Breuer nach London über, wo er mit F. R. S. Yorke ein Architektur-

büro gründet. Unter den realisierten Bauten ist der Gane-Ausstellungspavillon in Bristol **1936**. In ihm kombiniert Breuer erstmals traditionelle Baumaterialien – regionalen Naturstein und Holz – mit modernen Elementen, was fortan zu einem Charakteristikum seiner Privathäuser wird. Im Auftrag der englischen Zementindustrie entsteht das theoretische Modell für ein »Civic Center of the Future«, ein zukünftiges Stadtzentrum. Zu organischen Formen findet Breuer in den Schichtholzmöbeln, die für die Firma ISOKON entstehen.

1937 geht Breuer in die USA, wo ihm auf Vermittlung von Gropius eine Professur an der School of Design der Harvard University angeboten worden war. Das gemeinsame Architekturbüro in Cambridge/Mass. kann einige Privathäuser erstellen, darunter das Haus Gropius; außerdem wird **1939** die Einrichtung des Pennsylvania Pavillons auf der New Yorker Weltausstellung übernommen.

1941 gründet Breuer ein eigenes Architekturbüro, das anfangs wegen des Krieges kaum erfolgreich ist. **1946** gibt er die Lehrtätigkeit auf und verlegt das Büro nach New York. In den späten vierziger und fünfziger Jahren gehen Aufträge ein für zahlreiche, in Material und Konstruktion recht ähnliche Privathäuser (etwa 70), vor allem in Neuengland. **1947** entsteht das Haus Breuer in New Canaan/Connecticut. Ende **1948** stellt das Museum of Modern Art in New York eine Wanderausstellung zum Werk Breuers zusammen, im folgenden Jahr kann er als Musterhaus das »House in the Museum Garden« errichten.

Die Beteiligung am UNESCO-Gebäude in Paris **1953** (gemeinsam mit Nervi und Zehrfuss) verschafft Breuer internationale Anerkennung als Architekt. Im selben Jahr wird das Kaufhaus Bijenkorff in Rotterdam gebaut (gemeinsam mit Elzas). In Anlehnung an Le Corbusier wendet er sich in diesen Jahren dem Material Beton zu, das zu monumentalen plastischen Formen gesteigert wird, wie beispielsweise am Whitney Museum of American Art in New York. Seit **1956** führt er das Büro »Marcel Breuer and Associates« in New York, das zahlreiche Großprojekte in den USA und Europa bearbeitet; darüber hinaus unterhält er ein Büro in Paris. In den fünfziger und sechziger Jahren gehört Breuer zu den international angesehenen und erfolgreichen Architekten.

Marcel Breuer stirbt am **1. Juli 1981** in New York.

Marcel Breuer: 1902–1981

Life and Work

Marcel Breuer, c. 1970
BHA

Marcel Breuer was born on **22 May 1902** in Pécs, Hungary. In **1920** a scholarship took him to the Academy of Fine Arts in Vienna. He left the Academy after only a short while, unsatisfied with what he had found there. He subsequently worked for a few weeks in a Vienna architect's office. From Fréd Forbát he learned about the Bauhaus, founded the previous year.

Breuer applied to the Bauhaus before **1920** was out, and went on to become an apprentice in the joinery. The following year he built his »African« chair and, from **1922** onwards, the «wood-slat chair», one of the most important Bauhaus products of the period. For the Haus am Horn, the experimental house built in Weimar for the Bauhaus exhibition of **1923** , Breuer designed and executed the furniture for the living room and lady's bedroom, whose dressing table thereby formed the examination piece concluding his apprenticeship. The early twenties also saw Breuer producing his first architectural designs, although he was never to undergo a formal architect's training.

In **1924**, having qualified as a journeyman, Breuer went to Paris, where he worked in an architect's office for a short while. In **1925** he returned to the Bauhaus, which moved to Dessau in April. As a »Young Master«, he became head of the furniture workshop. The »B3« armchair which he produced that same year rep-

resented the first tubular-steel chair. It was followed by a rapid succession of designs for other items of tubular-steel furniture, including chairs, armchairs, tables and cupboards. These were manufactured and distributed by Standard-Möbel in Berlin beginning in **1927**, and by Thonet from **1928/29**.

Breuer designed both interiors and furnishings for the Masters' Houses and furniture for the school buildings of the new Bauhaus complex in Dessau. He subsequently executed numerous interior design commissions, including the renovation of Piscator's apartment in Berlin **(1927)**.

Breuer's preoccupation with standardized forms was reflected both in his furniture and in his early designs for architecture, including the small metal house of **1926** and the »Bambos« house of **1927**.

Breuer left the Bauhaus in **April 1928**, at the same time as Walter Gropius. He opened an architect's office in Berlin, in which he employed Gustav Hassenpflug, a former Bauhaus student. He continued to work both as a furniture designer and as an interior designer for apartments and department stores, while his many architectural projects remained unrealized.

For the German section of the exhibition held in Paris in **1930** by the Société des Artistes Décoratifs Français, Breuer designed a man's room, a woman's room and a study, in a commission awarded to Gropius, together with Breuer and Herbert Bayer, by the Deutscher Werkbund.

For the Berlin Building Exhibition of **1931** Breuer designed a Sportsman's House and a 70 m² apartment. In **November 1931** he gave a lecture on »The apartment and its furnishings« to the Schweizer Werkbund in Zurich. Due to the general economic depression, Breuer found himself with few commissions at the start of the thirties, and used the time to make trips to Greece, Spain and North Africa.

It was not until **1932** that he completed his first building, the Harnischmacher House in Wiesbaden. This was followed in **1934** by the Doldertal houses in Zurich for Sigfried Giedion (designed together with Alfred and Emil Roth).

From **1932** onwards Breuer worked on aluminium furniture, winning a competition with his designs in Paris a year later. In **1934** his aluminium chairs went into serial production.

In **1933/34** Breuer divided his time between Switzerland and Budapest, where he worked with Bauhäusler Farkas Molnár and Josef Fischer on an unsuccessful architecture project.

Breuer gave his most important lecture on architecture, »Where do we stand?«, in **April 1934** at the Zurich Museum of Arts and Crafts.

In **August 1935** Breuer moved to London, where he opened an architect's office with F. R. S. Yorke. Completed commissions included the **1936** Gane Pavilion in Bristol. Here, for the first time, Breuer combined traditional materials – local stone and wood – with modern elements in a design solution which was to characterize his private houses from now on. For the English cement industry he produced the theoretical model of a Civic Centre of the Future. In the plywood furniture which he designed for the Isokon company, Breuer further explored organic forms.

In **1937** Breuer went to the USA, where he had been offered a professorship at Harvard University's School of Design through Walter Gropius. The two also founded an architectural partnership in Cambridge, Mass., designing a number of private residences, including Gropius' own house, and, in **1939**, the Pennsylvania Pavilion at the New York World's Fair.

Owing to the wartime situation, the independent practice which Breuer founded in **1941** initially bore little fruit. In **1946** he gave up teaching and moved his office to New York. The late forties and fifties brought him commissions for some 70 private residences, the majority in New England, all relatively similar in their materials and design. In **1947** Breuer built a house for himself in New Canaan, Conn. In late **1948**, the New York Museum of Modern Art put together a touring exhibition of Breuer's work; the following year he was invited to build the »House in the Museum Garden«.

His participation (together with Nervi and Zehrfuss) on the new UNESCO building in Paris in **1953** brought Breuer international recognition as an architect. The same year saw the construction of the Bijenkorff department store in Rotterdam (together with Elzas). Following the example of Le Corbusier, he focused during this period on the material of concrete, which he articulated into monumental, sculptural forms, as in the Whitney Museum of American Art in New York. »Marcel Breuer and Associates«, which Breuer founded in New York in **1956**, subsequently executed numerous large-scale projects in the USA and Europe. Breuer also ran an office in Paris. In the fifties and sixties Breuer ranked amongst the internationally most admired and successful architects of his day.

Marcel Breuer died in New York on **1 July 1981**.

Marcel Breuer: 1902–1981

Vie et œuvre

Marcel Breuer, 1949
Photo: Homer Page, New York

Marcel Breuer naît le **22 mai 1902** à Pécs/Hongrie. Une bourse pour l'académie des beaux-arts le mène à Berlin en **1920**. Après un court séjour, il quitte l'académie, non satisfait de ce qu'il y a vu. Breuer travaille ensuite pendant quelques semaines dans un bureau d'architecture viennois. Fréd Forbát lui parle du Bauhaus de Weimar qui avait été fondé l'année précédente.

Breuer soumet sa candidature au Bauhaus en **1920** et fait son apprentissage dans l'atelier de menuiserie. L'année suivante, il y crée son «fauteuil africain» et, à partir de **1922**, le fauteuil en lattis, l'un des objets les plus importants du Bauhaus à cette époque. Pour la «maison am Horn», qui est créée à l'occasion de l'exposition du Bauhaus à Weimar en **1923**, Breuer conçoit et construit les meubles de la salle de séjour et de la chambre de femme avec la coiffeuse, son travail de fin d'apprentissage artisanal. C'est à cette époque que ses premiers projets architecturaux voient le jour, bien qu'il ne possède pas la formation d'architecte habituelle.

Après son examen de fin d'apprentissage artisanal en **1924**, Breuer se rend à Paris où il travaille quelque temps dans un bureau d'architecture. En **1925**, il retourne au Bauhaus qui s'installe à Dessau en avril. En tant que «jeune maître», il devient le directeur de l'atelier de menuiserie. La même année, il crée le premier siège en tubes d'acier: le fauteuil «B3». Ce dernier est bientôt suivi d'autres meubles en tubes d'acier parmi lesquels des chaises, des fauteuils, des tables et des armoires. Ceux-ci sont fabriqués et écoulés par la firme berlinoise Standard à partir de **1927**, ainsi que par la firme Thonet à partir de **1928/29**.

Breuer conçoit l'aménagement des maisons de maître et les meubles de l'école pour les nouveaux bâtiments du Bauhaus. Dès lors, de nombreux aménagements d'appartements, dont l'appartement Piscator à Berlin **(1927)**, sont réalisés.

La confrontation avec des formes standardisées et normalisées est exprimée dans des projets de meubles, de même que dans les premiers projets architecturaux, dont la petite maison en métal de **1926** et la «maison Bambos» de **1927**.

Breuer quitte le Bauhaus en **avril 1928** en même temps que Walter Gropius et ouvre à Berlin un bureau d'architecture, où il emploie l'ancien membre du Bauhaus Gustav Hassenpflug. Il travaille en outre comme architecte-décorateur pour des appartements et des magasins, et même comme concepteur de meubles, tandis que ses nombreux projets architecturaux demeurent inexécutés.

Breuer présente une chambre de femme, une chambre d'homme et un bureau dans la section allemande du salon parisien de la Société des Artistes Décoratifs Français que Gropius organise avec Breuer et Herbert Bayer à la demande du Deutsche Werkbund en **1930**.

En **1931,** Breuer est représenté au salon du bâtiment à Berlin par la «maison du sportif» et un appartement de 70 m². En **novembre 1931**, Breuer fait devant le Werkbund suisse, à Zurich, une conférence sur «l'appartement et son aménagement». En raison de la situation économique générale, Breuer a peu de commandes au début des années trente; il entreprend alors des voyages en Grèce, en Espagne et en Afrique du Nord.

Sa première construction réalisée, la maison Harnischmacher à Wiesbaden, n'est érigée qu'en **1932**. Elle est suivie, en **1934**, des maisons Doldertal pour Sigfried Giedion (en collaboration avec Alfred et Emil Roth).

A partir de **1932**, Breuer travaille à des meubles d'aluminium qui sont distingués un an plus tard à l'occasion d'un concours à Paris. Les sièges sont produits en série à partir de **1934**.

En **1933/34**, Breuer séjourne surtout en Suisse et à Budapest où il travaille sans succès à un projet architectural avec Farkas Molnár, du Bauhaus, et Joseph Fischer.

Breuer fait sa plus grande conférence sur l'architecture intitulée «Où sommes-nous» au musée des arts décoratifs de Zurich en **avril 1934**.

En **août 1935**, Breuer s'installe à Londres, où il fonde un bureau d'architecture avec F. R. S. Yorke. Parmi les bâtiments réalisés se trouve le pavillon d'exposition Gane à Bristol **(1936)**. Dans ce pavillon, Breuer combine pour la première fois les matériaux de construction traditionnels – pierre naturelle régionale et bois – et des éléments modernes, ce qui caractériseua à partir de là ses maisons privées. Le type théorique pour un «Civic Center of the Future», un centre de l'avenir, est créé à la demande de l'industrie anglaise du ciment. Breuer parvient à des formes organiques dans les meubles en bois stratifié qui sont réalisés pour la firme Isokon.

En **1937**, Breuer se rend aux Etats-Unis où l'université de Harvard lui avait offert une chaire de professeur par l'intermédiaire de Gropius. Leur bureau d'architecture commun à Cambridge/Massachusetts peut réaliser quelques maisons privées, dont la maison Gropius; il entreprend en outre l'aménagement du pavillon de Pennsylvanie à l'exposition universelle de New York.

Le bureau d'architecture que Breuer fonde en **1941**, n'a guère de succès au début à cause de la guerre. Il abandonne ses activités d'enseignant en **1946** et transfère son bureau à New York. A la fin des années quarante et dans les années cinquante, il reçoit des commandes pour de nombreuses maisons privées (environ 70) assez semblables du point de vue matériaux et construction, surtout en Nouvelle-Angleterre. La maison Breuer est construite à New Canaan/Connecticut en **1947**. A la fin de l'année **1948**, le Museum of Modern Art de New York compose une exposition itinérante relative à l'œuvre de Breuer; l'année suivante, il érige la «House in the Museum Garden» comme maison-type.

Par suite de sa participation au bâtiment de l'UNESCO à Paris en **1953** (en collaboration avec Nervi et Zehrfuss), Breuer est internationalement reconnu comme architecte. La même année, il construit (en collaboration avec Elzas) le magasin Bijenkorff à Rotterdam. Suivant l'exemple de Le Corbusier, il se tourne à cette époque vers le béton qui permet des formes plastiques monumentales comme, par exemple, le Whitney Museum of American Art à New York. A partir de **1956**, il dirige le bureau «Marcel Breuer and Associates» à New York, qui travaille à de nombreux grands projets aux Etats-Unis et en Europe; il a également un bureau à Paris. Dans les années cinquante et soixante, Breuer est l'un des architectes les plus célèbres du monde.

Marcel Breuer meurt le **1er juillet 1981** à New York.

Bibliographie
Bibliography

Deutsche Jahre/The German Years/
Années allemandes

Sigfried Giedion: *Mechanization takes Command.* New York 1948. Deutsche Ausgabe: *Sigfried Giedion. Die Herrschaft der Mechanisierung.* Frankfurt 1982

Walter Gropius: *Bauhausbauten Dessau. Neue Bauhausbücher.* Mainz/Berlin 1974

50 Jahre Bauhaus. Ausstellungskatalog Württembergischer Kunstverein u. a. Stuttgart 1968

Jan van Geest, Otakar Mácel: *Stühle aus Stahl. Metallmöbel 1925–1940.* Köln 1980

Frank Russel: *Stuhl und Stil. 1850–1950.* Stuttgart 1980

Neue Arbeiten der Bauhauswerkstätten. Neue Bauhausbücher. Mainz/Berlin 1981

Helmut Erfurth: *Der Stahlrohrstuhl: seine Entwicklung durch das Industriedesign.* Museum für Stadtgeschichte Dessau. Dessau 1983

Der Kragstuhl. Stuhlmuseum Bad Beverungen. Berlin 1986

Alexander von Vegesack: *Deutsche Stahlrohrmöbel – 650 Modelle aus Katalogen von 1927–1958.* München 1986

Karin Kirsch: *Die Weißenhofsiedlung. Werkbund-Ausstellung »Die Wohnung« Stuttgart 1927.* Stuttgart 1987

Erich Consemüller. *Fotografien Bauhaus Dessau.* Ed.: Wulf Herzogenrath, Stefan Kraus. München 1989

Thonet Stahlrohr-Möbel. Reprint des Steckkartenkataloges von 1930–1931. Einführung / Introduction: Sonja Günther. Ed.: Vitra Design Museum. Weil am Rhein 1989

Sasha Stone. *Fotografien 1925–1939.* Ed.: Eckhardt Köhn. Berlin 1990

Helmut Erfurth: *Hugo Junkers und das Bauhaus in Dessau.* Bauwelt. 1991. H. 1/2

Schweizer Jahre/The Swiss Years/
Années suisses

Dreißiger Jahre Schweiz. Ein Jahrzehnt im Widerspruch. Ausstellungskatalog Kunsthaus Zürich 1981/82

Schweizer Typenmöbel 1925–1935. Sigfried Giedion und die Wohnbedarf AG. Eidgenössische Techn. Hochschule. Institut für Geschichte und Theorie der Architektur. Zürich 1989

Aluminium: Das Metall der Moderne. Gestalt, Gebrauch, Geschichte. Eds.: Werner Schäfke, Thomas Schleper, Max Tauch. Ausstellungskatalog Kölnisches Stadtmuseum. Köln 1991

Englische Jahre/The English Years/
Années anglaises

Antony Bertram. *Design.* London 1938

J. L. Martin, S. Speight: *The Flat Book.* London 1939

Osbert Lancester: *Home Sweet Homes.* London 1939

Thirties. British art and design before the war. Arts Council of Great Britain. Exhibition Catalogue Hayward Gallery 1979/80

Kunst im Exil in Großbritannien 1933–1945. Ausstellungskatalog Neue Gesellschaft für Bildende Kunst. Berlin 1986

Design 1935–1965: what modern was. Ed.: Martin Eidelberg. Le Musée des Arts Décoratifs de Montreal. Exhibition Catalogue New York, Los Angeles, ... New York 1991

Amerikanische Jahre/The American Years/Années américaines

The House in the Museum Garden. Marcel Breuer Architect. The Museum of Modern Art Bulletin vol. 14 (1949) No. 1

Einzeldarstellungen/Selected works/
Textes isolés

Peter Blake: *Marcel Breuer: Architect and Designer.* New York 1949

Marcel Breuer: *Sun and Shadow.* Ed.: Peter Blake, London / New York / Toronto 1956

Giulio Carlo Argan: *Marcel Breuer disegno industriale e architettura.* Milano 1957

Marcel Breuer 1921–1962. Einleitung / Introduction: Cranston Jones. Stuttgart 1962.

Wolfgang Pehnt: *Die Ästhetik der Dauer. Zum Tode des Architekten und Designers Marcel Breuer.* Frankfurter Allgemeine Zeitung. 04. 07. 1981

Christopher Wilk: *Marcel Breuer. Furniture and Interiors.* Exhibition Catalogue The Museum of Modern Art. New York 1981

Alfred Roth: *Nachruf. Zum Tode des Architekten Marcel Breuer.* Bauen + Wohnen. 1981/10

Hubertus Gaßner: *Zwischen den Stühlen sitzend sich im Kreise drehen. Marcel Breuer und Gyula Pap als Bauhaus-Gestalter.* In: Wechselwirkungen. Ungarische Avantgarde in der Weimarer Republik. Ausstellungskatalog Neue Galerie, Kassel und Museum Bochum. Marburg 1986, pp. 312–328

Angelika Emmrich: *Marcel Breuer – Tischlerlehrling und Geselle des Weimarer Bauhauses 1920–1925.* Wiss. ZS Hochsch. Archit. Bauwes. Weimar. 35. Jg. 1989 Reihe A H.2

Joachim Driller: *Marcel Breuer. Das architektonische Frühwerk bis 1950.* Diss. Albert-Ludwigs-Universität Freiburg i. Br. 1990

Eigene Schriften/Own Writings/
Publications de Breuer

Form Funktion. Junge Menschen. 5. Jg. 1924 H.8, p 191. Reprint München 1980

Die Möbelabteilung des staatlichen Bauhauses zu Weimar. Fachblatt für Holzarbeiter. 1925, pp. 17–19

Das »Kleinmetallhaus Typ 1926«. Offset-Buch- und Werbekunst. 1926 H.7, pp. 371–374. Reprint München 1980

Metallmöbel. In: Deutscher Werkbund: Innenräume; Räume und Inneneinrichtungsgegenstände aus der Werkbundausstellung ..., Stuttgart 1928, pp. 133–134

Metallmöbel und moderne Räumlichkeit. Das neue Frankfurt. 1928 H.1

Das ökonomisch-künstlerische Prinzip des modernen Möbels. Die Pyramide. 1928, pp. 260–262

Verkehrsordnung – ein Vorschlag zur Neuordnung des Potsdamer Platzes. Das neue Berlin. 1. Jg. 1929 H.7, pp. 136–141. Reprint Basel/Berlin/Boston 1988

Beiträge zur Frage des Hochhauses. Die Form. 5. Jg. 1930, pp. 113–117

Das Innere des Hochhauses. Bauwelt. 22. Jg. 1931 H.19, pp. 615–616

Theater von Charkow. Bauwelt. 22. Jg. 1931 H.33

Eine kleine Berliner Mietwohnung. Moderne Bauformen 1931, pp. 515–519

Aus einem Vortrag ... gehalten im Kunstgewerbemuseum, Zürich. Werk 19. Jg. 1932, pp. 337–341, 350

Das aktive Theater. Die neue Stadt. April 1932, pp. 8–12

Where do we stand? Architectural Review. No. 77 (1935), pp. 133–136

Architecture and Material. In: Circle. International survey of constructive art. London 1937, pp. 193–202

What is modern architecture? Museum of Modern Art Bulletin. 15 (1948)

Legenden

Maße in cm, Höhe, Breite, Tiefe
Bei den Korpusmöbeln sind Griffe nicht mitgemessen. Bei den Stahlrohrstühlen sind die Gestelle ohne Holzarmlehnen gemessen, wenn nicht anders angegeben. Bei den Stahlrohrtischen werden die Maße für Gestelle und Platten gesondert angegeben.
Alle Möbel mit ti-Nr. sind in der Tischlerwerkstatt des Bauhauses hergestellt worden.
BHA – Bauhaus Archiv Berlin, Museum für Gestaltung

1 Stuhl, 1921
Birnbaum, schwarz poliert
Geflochtene Wollgurt-Bespannung von Gunta Stölzl
75,5 x 49 x 49;
wenige Exemplare
Kunstsammlungen zu Weimar

2 Ausstellungsvitrine, 1925
Re-Edition, Tecta, ab 1983
Holz, schwarz poliert und weiß lackiert
164,5 x 80,3 x 80,3; Unikat?
Natan Federowski Galerie, Berlin

3 »Latten«-Stuhl ti 1a, 1922
Ahorn gebeizt, Roßhaarbespannung
97 x 56 x 60,5; Kleinserie
BHA
1922–24 in verschiedenen Entwicklungsstufen hergestellt, dieses Exemplar 1924

4 Stuhl ti 3d, 1923
Gestell: quadratische Holzprofile, lackiert, Sitz und Rücken: Sperrholz, lackiert
87,5 x 40 x 49; Kleinserie
BHA

5 Kinderstuhl ti 3a, 1923
Gestell: quadratische Holzprofile, lackiert
Sitz und Rücken: Sperrholz, lackiert
57,4 x 25,8 x 35; Kleinserie
BHA
Der Kinderstuhl wurde in 3 Größen hergestellt, dieses Exemplar ist die kleinste Version.

6 Stuhl ti 2, 1924
Eiche gebeizt, Roßhaarbespannung
89,2 x 52 x 59,8; Kleinserie
BHA

7 Hocker ti 13, 1924
Eiche gebeizt, Roßhaarstoff-Bespannung
45 x 47 x 55,5; Kleinserie
BHA

8 Vitrinenschrank ti 66c, 1926
Tischlerplatte, Rüster furniert
Rückwand: Sperrholz mit Schleiflack
Schiebetür: Sperrholz schwarz poliert
Glas, Metallteile vernickelt
167,5 x 197 x 51; Unikat, für Serie geplant
Designsammlung Ludewig, Berlin

9 Vitrinenschrank ti 66b, 1926
Material und Maße wie 8
Unikat, für Serie geplant
Die Neue Sammlung, Staatliches Museum für angewandte Kunst, München

10 Klappsitzbestuhlung, 1930/31
Herst.: Thonet
Stahlrohr verchromt,
Eisengarnbespannung

Captions

Measurements in centimetres: height, breadth, depth.
Handles and knobs are not included in the dimensions as given. In the case of tubular-steel chairs, the dimensions of the frame are given exclusive of wooden arms, unless otherwise stated. In the case of tubular-steel tables, the dimensions of frame and top are given separately.
All items with a "ti" number were manufactured in the joinery workshop (Tischlerwerkstätte) at the Bauhaus.
BHA = Bauhaus Archive, Berlin, Museum for Design (Museum für Gestaltung)

1 Chair, 1921
Pear, polished black
Seat and back of plaited woollen belts by Gunta Stölzl
75.5 x 49 x 49; few examples
Kunstsammlungen zu Weimar

2 Show-case, 1925
Re-edition, Tecta, from 1983
Wood, polished black and painted white
164.5 x 80.3 x 80.3; one-off item?
Natan Federowski Galerie, Berlin

3 Wood-slat chair ti 1a, 1922
Stained maple, horsehair seat
97 x 56 x 60.5; short run
BHA
Produced 1922–24 in various design stages; this example dates from 1924

4 Chair ti 3d, 1923
Frame: square-section wooden laths, painted
Seat and back: plywood, painted
87.5 x 40 x 49; short run
BHA

5 Child's chair ti 3a, 1923
Frame: square-section wooden laths, painted
Seat and back: plywood, painted
57.4 x 25.8 x 35; short run
BHA
The child's chair was produced in three sizes; this example is the smallest

6 Chair ti 2, 1924
Stained oak, horsehair seat
89.2 x 52 x 59.8; short run
BHA

7 Stool ti 13, 1924
Stained oak, horsehair seat
45 x 47 x 55.5; short run
BHA

8 Glass-fronted cabinet ti 66c, 1926
Wood-core plywood with elm veneer
Back: varnished plywood
Sliding door: plywood, polished black
Glass, nickel-plated metal parts
167.5 x 197 x 51
one-off item, planned for production run
Designsammlung Ludewig, Berlin

9 Glass-fronted cabinet ti 66b, 1926
Materials and dimensions as 8
One-off item, planned for production run
Die Neue Sammlung, Staatliches Museum für angewandte Kunst, Munich

10 Folding chairs, 1930/31
Manufactured by Thonet
Chrome-plated tubular steel
Seats and backs of steel thread

Légendes

Dimensions en cm, hauteur, largeur, profondeur. Pour les corps de meubles, les poignées ne sont pas comprises. Pour les sièges tubulaires, les châssis sont mesurés sans les accoudoirs en bois, sauf mention contraire. Pour les tables en tubes d'acier, les dimensions des châssis et des plateaux sont indiquées séparément.
Tous les meubles portant un n° ti ont été fabriqués dans l'atelier de menuiserie du Bauhaus.
BHA = Bauhaus-Archiv Berlin, Museum für Gestaltung

1 Chaise, 1921
Poirier, noirci et poli
Sangles en laine tressées de Gunta Stölzl
75,5 x 49 x 49; quelques exemplaires
Kunstsammlungen zu Weimar

2 Vitrine d'exposition, 1925
Réédition, Tecta, à partir de 1983
Bois, noirci et poli, laqué blanc
164,5 x 80,3 x 80,3; pièce unique?
Natan Federowski Galerie, Berlin

3 Fauteuil en «lattis» ti 1a, 1922
Erable teinté, tissu crin
97 x 56 x 60,5; petite série
BHA
Fabriquée en 1922–24 au cours de diverses phases de développement, le présent exemplaire date de 1924

4 Chaise ti 3d, 1923
Châssis: profils carrés en bois, laqués
Siège et dossier: contreplaqué laqué
87,5 x 40 x 49; petite série
BHA

5 Chaise d'enfant ti 3a, 1923
Châssis: profils carrés en bois, laqués
Siège et dossier: contreplaqué laqué
57,4 x 25,8 x 35; petite série
BHA
La chaise d'enfant était fabriquée en trois dimensions, cet exemplaire est la plus petite version

6 Chaise ti 2, 1924
Chêne teinté, tissu crin
89,2 x 52 x 59,8; petite série
BHA

7 Tabouret ti 13, 1924
Chêne teinté, tissu crin
45 x 47 x 55,5; petite série
BHA

8 Armoire-vitrine ti 66 c, 1926
Panneau latté, placage orme
Paroi arrière: contreplaqué avec vernis à poncer
Porte à glissière: contreplaqué noirci et poli
Verre, parties métalliques nickelées
167,5 x 197 x 51
Pièce unique, prévue pour la production en série
Designsammlung Ludewig, Berlin

9 Armoire-vitrine ti 66 b, 1926
Matériel et dimensions comme le n° 8
Pièce unique, prévue pour la production en série
Die Neue Sammlung, Staatliches Museum für angewandte Kunst, Munich

10 Siège pliant, 1930/31
Fabricant: Thonet
Tubes d'acier chromé, tissu fil glacé, accoudoirs en bois noirci et poli

Holzarmlehnen schwarz poliert
Gußeiserne »Schuhe«, schwarz lackiert
Gummimuffen
87 x 57 (Achsmaß) x 60 (bei abgeklapptem Sitz)
BHA
Die Klappsitzbestuhlung ist eine Weiterentwicklung von Thonet.

11 »Wassily«-Sessel, 1925
Stahlrohr, geschweißt, verchromt
(ursprünglich vernickelt)
Eisengarnbespannung (ursprünglich Stoffbespannung wie Nr. 25)
70 x 80,8 x 70; wenige Exemplare
Bauhaus Dessau, Sammlungen

12 »Wassily«-Sessel B 3, 1926
Herst.: Standard-Möbel
Stahlrohr vernickelt, verschraubt
Eisengarnbespannung
73 x 77 x 68,5
BHA

13 »Wassily«-Sessel B 3, 1927
Herst.: Standard-Möbel, ab 1929 Thonet
Stahlrohr vernickelt, verschraubt
Eisengarnbespannung
76 x 77 x 76
Deutsches Historisches Museum, Berlin

14 »Wassily«-Sessel B 3, 1930
Herst.: Thonet (eigene Weiterentwicklung)
Stahlrohr verchromt, verschraubt
Eisengarnbespannung
75,5 x 77,2 x 68,6
BHA

15 Klappsessel B 4, 1927
(2. Version)
Herst.: Standard-Möbel
Stahlrohr, vernickelt, Roßhaarbespannung
(ursprünglich Stoffbespannung wie Nr. 25)
71 x 78 x 61
Stuhlmuseum Burg Beverungen-Tecta
Abb.: Re-Edition, Tecta, ab 1981

16 Stuhl (Vorläufer B 5), 1926
Stahlrohr schwarz brüniert
Stoffbespannung (ersetzt, ursprünglich wie Nr. 25)
84,9 x 48 x 60,5
BHA
In den Meisterhäusern ist der Stuhl vernickelt, in den Studentenateliers schwarz brüniert nachweisbar. Brünieren ist die älteste, auch in den 20er Jahren noch preiswerteste (Lohnkosten) Metalloberflächenbehandlung.

17 Stuhl B 5, 1926/27
Herst.: Standard-Möbel, ab 1929 Thonet
Stahlrohr vernickelt; Eisengarnbespannung
83,8 x 45 x 59,7
BHA

18 Satztische B 9, 1925/26
Herst.: Standard-Möbel, ab 1929 Thonet
Stahlrohr vernickelt
Tischlerplatte mit Schleiflack (erneuert)
60,2 x 66,5 x 39; 55,4 x 58,5 x 39; 50,2 x 52,3 x 39; 45,2 x 45,2 x 39
BHA

19 Toilettentisch mit Spiegel ti 60, 1925/26
Tischler- und Sperrholzplatten mit Schleiflack
28 x 87 x 34; Kleinserie
Die Neue Sammlung, Staatliches Museum für angewandte Kunst, München

20 Küchenschrank, 1929
aus der Einrichtung Vogeler, Berlin
Tischlerplatte mit Schleiflack (erneuert)
vernickelter Metallgriff
179,8 x 44,6 x 44,6; Unikat
BHA

21 2 niedrige Schränkchen, 1927
aus der Einrichtung Smith, London
Tischlerplatte, Kirschbaum (außen) und Ahorn (innen) furniert

Wooden arms, polished black
Cast-iron shoes, painted black
Rubber sleeves
87 x 57 x 60 (with seat down)
BHA
The folding chairs represent a development by Thonet.

11 »Wassily« armchair, 1925
Chrome-plated tubular steel, welded
(originally nickel-plated)
Steel-thread seat (originally cloth as in no. 25)
70 x 80,8 x 70; few examples
Bauhaus Dessau, Sammlungen

12 »Wassily« armchair B 3, 1926
Manufactured by Standard-Möbel
Nickel-plated tubular steel, screwed together
Steel-thread seat
73 x 77 x 68.5
BHA

13 »Wassily« armchair B 3 , 1927
Manufactured by Standard-Möbel
Nickel-plated tubular steel, screwed together
Steel-thread seat
76 x 77 x 76
Deutsches Historisches Museum

14 »Wassily« armchair B 3, 1930
Manufactured by Thonet
(own development)
Chrome-plated tubular steel, screwed together
Steel-thread seat
75.5 x 77.2 x 68.6
BHA

15 Folding armchair B 4, 1927
(2nd version)
Manufactured by Standard-Möbel
Nickel-plated tubular steel, horsehair seat
(originally cloth, as in no. 25)
71 x 78 x 61
Stuhlmuseum Burg Beverungen-Tecta
Ill.: Re-edition Tecta, from 1981

16 Chair (precursor of B 5), 1926
Blackened tubular steel, cloth seat (replaced, originally as in no. 25)
84.9 x 48 x 60.5
BHA
In the »master's houses« the chair is nickel-plated, in the student workshops it is blackened by oxidation. This latter is the oldest form of surface treatment for metals, and in the 1920s was still the cheapest as regarded labour costs.

17 Chair B 5, 1926/27
Manufactured by Standard-Möbel, from 1929 by Thonet
Nickel-plated tubular steel, steel-thread seat
83.8 x 45 x 59.7
BHA

18 Nest of tables B 9, 1925/26
Manufactured by Standard-Möbel, from 1929 by Thonet
Nickel-plated tubular steel, lacquered wood-core plywood (lacquer renewed)
60.2 x 66.5 x 39; 55.4 x 58.5 x 39; 50.2 x 52.3 x 39; 45.2 x 45.2 x 39
BHA

19 Dressing-table with mirror ti 60, 1925/26
Lacquered wood-core plywood, and plywood
28 x 87 x 34; short run
Die Neue Sammlung, Staatliches Museum für angewandte Kunst, Munich

20 Kitchen cupboard, 1929
from the furnishings of the Vogeler household, Berlin
Lacquered wood-core plywood (lacquer renewed), nickel-plated metal handle
179.8 x 44.6 x 44.6; one-off item
BHA

21 Two low cupboards, 1927
from the furnishings of the Smith household, London
Wood-core plywood, cherry veneer outside, maple veneer inside, black opaque glass
59.6 x 60 x 40 (each); one-off item

«Patins» en fonte
Manchons en caoutchouc
87 x 57 (axe) x 60 (siège ouvert)
BHA
Le siège pliant est un perfectionnement technique de Thonet

11 Fauteuil «Wassily», 1925
Tubes d'acier, soudés, chromés
(à l'origine nickelés)
Tissu fil glacé (à l'origine tissu comme le n° 25)
70 x 80,8 x 70; quelques exemplaires
Bauhaus Dessau, Sammlungen

12 Fauteuil «Wassily» B 3, 1926
Fabricant: Standard-Möbel
Tubes d'acier nickelé, vissés
Tissu fil glacé
73 x 77 x 68,5
BHA

13 Fauteuil «Wassily» B 3, 1927
Fabricant: Standard-Möbel, à partir de 1929 Thonet
Tubes d'acier nickelé, vissés
Tissu fil glacé
76 x 77 x 76
Deutsches Historisches Museum, Berlin

14 Fauteuil «Wassily» B 3, 1930
Fabricant: Thonet (perfectionnement personnel)
Tubes d'acier chromé, vissés
Tissu fil glacé
75,5 x 77,2 x 68,6
BHA

15 Fauteuil pliant B 4, 1927
(2e version)
Fabricant: Standard-Möbel
Tubes d'acier chromé; tissu crin (à l'origine tissu comme le n° 25)
71 x 78 x 61
Stuhlmuseum Burg Beverungen-Tecta
Repr.: Réédition, Tecta, à partir de 1981

16 Chaise (précurseur B 5), 1926
Tubes d'acier brunis au noir
Tissu (remplacé, à l'origine comme le n° 25)
84,9 x 48 x 60,5
BHA
La chaise est nickelée dans les maisons de maître, brunie au noir dans les ateliers des étudiants. Le brunissage est la plus ancienne façon de traiter les métaux, toujours avantageuse dans les années 20 (charges salariales).

17 Chaise B 5, 1926/27
Fabricant: Standard-Möbel, à partir de 1929 Thonet
Tubes d'acier nickelé tissu fil glacé
83,8 x 45 x 59,7
BHA

18 Série de tables B 9, 1925/26
Fabricant: Standard-Möbel, à partir de 1929 Thonet
Tubes d'acier nickelé
Panneau latté avec vernis à poncer (rénové)
60,2 x 66,5 x 39; 55,4 x 58,5 x 39; 50,2 x 52,3 x 39; 45,2 x 45,2 x 39
BHA

19 Coiffeuse avec miroir ti 60, 1925/26
Panneaux lattés et panneaux de contreplaqué avec vernis à poncer
28 x 87 x 34; petite série
Die Neue Sammlung, Staatliches Museum für angewandte Kunst, Munich

20 Buffet de cuisine, 1929
Ameublement Vogeler, Berlin
Panneau latté avec vernis à poncer (rénové)
Poignée métallique nickelée
179,8 x 44,6 x 44,6; pièce unique
BHA

21 Deux petits meubles bas, 1927
Ameublement Smith, Londres
Panneau latté, placage cerisier (extérieur) et érable (intérieur), verre opaque noir
59,6 x 60 x 40 (chacun); pièce unique

schwarzes Opakglas
59,6 x 60 x 40 (einzeln); Unikat
Designsammlung Ludewig, Berlin
Die Rückwände dieser Möbel wie auch Nr. 22 sind ebenfalls furniert, so daß sie im Raum frei aufstellbar sind. Fast identisch sind die Nachtschränkchen ti 110.

22 »Container« mit 6 Schubkästen, 1927
aus der Einrichtung Smith, London
Material wie Nr. 21
72 x 30 x 35,8; Unikat
Designsammlung Ludewig, Berlin

23 Kleiderschrank ti 113, 1927
aus der Einrichtung Smith, London
Material wie Nr. 21
175,4 x 185 x 60; Unikat, für Serie geplant
Designsammlung Ludewig, Berlin

24 Tisch B 10, 1927
Herst.: Thonet, vor 1929 Standard-Möbel
Stahlrohr verchromt, Tischlerplatte schwarz lackiert
67 x 74 x 74
BHA

25 Armlehnstuhl B 11, 1926/27
(1. Version)
Herst.: Standard-Möbel
Stahlrohr vernickelt, Originalstoffbespannung
Holzarmlehnen gebeizt
86,7 x 49 x 53
Designsammlung Ludewig, Berlin
Alle frühen Standard-Möbel zeigen auf den Consemüller-Fotos diesen Stoff. Erst ab 1928 ist der legendäre »Eisengarn«-Stoff lieferbar. Dieser Stuhl ist wohl das einzig noch existierende Stuhl-Exemplar mit dem Originalstoff.

26 Armlehnstuhl B 11, 1927
(2. Version)
Herst.. Standard-Möbel, ab 1929 Thonet
Stahlrohr vernickelt, Eisengarnbespannung
Holzarmlehnen schwarz poliert
88,8 x 52 x 57,2
Designsammlung Ludewig, Berlin

27 Stuhl B 33, 1927/28
Herst.: Thonet
Stahlrohr verchromt, Eisengarnbespannung
83,7 x 49 x 64,5
Designsammlung Ludewig, Berlin

28 Armlehnstuhl B 34, 1928
(1. Version)
Herst.: Thonet
Stahlrohr verchromt, Eisengarnbespannung
Holzarmlehnen schwarz lackiert
81,5 x 53 x 63,6
BHA

29 Kinderarmlehnstuhl B 34 1/2, 1929
(2. Version)
Herst.: Thonet
Stahlrohr verchromt, Eisengarnbespannung
Holzarmlehnen rot lackiert
65 x 40,5 x 50
Designsammlung Ludewig, Berlin

30 Stuhl B 32, 1928
Herst.: Thonet
Stahlrohr verchromt, Bugholzrahmen
Peddigrohrgeflecht
82 x 46 x 56
Designsammlung Ludewig, Berlin

31 Armlehnstuhl B 64, 1928
Herst.: Thonet
Stahlrohr verchromt, Bugholzrahmen, Peddigrohrgeflecht
Holzarmlehnen gebeizt
82 x 61,5 x 58,5; Maße mit Holzteilen
Designsammlung Ludewig, Berlin

32 Beistelltisch mit Zwischenablage B 12, 1928
Herst.: Thonet
Stahlrohr verchromt, Tischlerplatte schwarz lackiert
60 x 76 x 39,5; Rohrgestellbreite: 66
Designsammlung Ludewig, Berlin

Designsammlung Ludewig, Berlin
The backs of these pieces, like that of no. 22, are also veneered, so that they can be placed anywhere in a room. They are almost identical to the bedside cupboards ti 110.

22 Cabinet with six drawers, 1927
from the furnishings of the Smith household, London
Material as no. 21
72 x 30 x 35.8; one-off item
Designsammlung Ludewig, Berlin

23 Wardrobe ti 113, 1927
from the furnishings of the Smith household, London
Material as no. 21
175.4 x 185 x 60
one-off item, planned for production run
Designsammlung Ludewig, Berlin

24 Table B 10, 1927
Manufactured by Thonet, prior to 1929 by Standard-Möbel
Chrome-plated tubular steel
Wood-core plywood, painted black
67 x 74 x 74
BHA

25 Armchair B 11, 1926/27
(1st version)
Manufactured by Standard-Möbel
Chrome-plated tubular steel, original cloth seat and back
Stained wooden arms
86.7 x 49 x 53
Designsammlung Ludewig, Berlin
All the early examples from Standard-Möbel have this cloth seat and back in the Consemüller photographs. The legendary »steel thread« material was not available until 1928. This chair is probably the only example still existant with its original cloth seat and back.

26 Armchair B 11, 1927
(2nd version)
Manufactured by Thonet, prior to 1929 by Standard-Möbel
Nickel-plated tubular steel, steel-thread seat and back
Polished black wooden arms
88.8 x 52 x 57.2
Designsammlung Ludewig, Berlin

27 Chair B 33, 1927/28
Manufactured by Thonet
Chrome-plated tubular steel, steel-thread seat and back
83.7 x 49 x 64.5
Designsammlung Ludewig, Berlin

28 Armchair B 34, 1928
(1st version)
Manufactured by Thonet
Chrome-plated tubular steel, steel-thread seat and back
Black painted wooden arms
81.5 x 53 x 63.6
BHA

29 Child's armchair B 34 1/2, 1929
(2nd version)
Manufactured by Thonet
Chrome-plated tubular steel, steel-thread seat and back
Red painted wooden arms
65 x 40.5 x 50
Designsammlung Ludewig, Berlin

30 Chair B 32, 1928
Manufactured by Thonet
Chrome-plated tubular steel
Seat and back: bentwood frame, cane
82 x 46 x 56
Designsammlung Ludewig, Berlin

31 Armchair B 64, 1928
Manufactured by Thonet
Chrome-plated tubular steel
Seat and back: bentwood frame, cane
Stained wooden arms
82 x 61.5 x 58.5
Dimensions include wooden parts
Designsammlung Ludewig, Berlin

32 Side-table with shelf B 12, 1928
Manufactured by Thonet
Chrome-plated tubular steel

Designsammlung Ludewig, Berlin
Les parois arrière de ces meubles ont un placage comme le n° 22, de façon à ce qu'ils puissent être disposés librement dans la pièce. Les tables de nuit ti 110 sont presque identiques.

22 «Container» avec six tiroirs, 1927
Ameublement Smith, Londres
Matériaux comme le n° 21
72 x 30 x 35,8; pièce unique
Designsammlung Ludewig, Berlin

23 Penderie ti 113, 1927
Ameublement Smith, Londres
Matériaux comme le n° 21
175,4 x 185 x 60
Pièce unique, prévue pour la production en série
Designsammlung Ludewig, Berlin

24 Table B 10, 1927
Fabricant: Thonet, avant 1929 Standard-Möbel
Tubes d'acier chromé, panneau latté laqué noir
67 x 74 x 74
BHA

25 Fauteuil à accoudoirs B 11, 1926/27
(1re version)
Fabricant: Standard-Möbel
Tubes d'acier nickelé, tissu d'origine
Accoudoirs en bois teinté
86,7 x 49 x 53
Designsammlung Ludewig, Berlin
Tous les meubles Standard des débuts sont pourvus de ce tissu sur les photos Consemüller. Ce n'est qu'à partir de 1928 que le légendaire tissu en fil glacé est livrable. Ce siège est sans doute l'unique exemplaire existant pourvu du tissu d'origine

26 Fauteuil à accoudoirs B 11, 1927
(2e version)
Fabricant: Standard-Möbel, à partir de 1929 Thonet
Tubes d'acier nickelé, tissu fil glacé
Accoudoirs en bois noirci et poli
88,8 x 52 x 57,2
Designsammlung Ludewig, Berlin.

27 Chaise B 33, 1927/28
Fabricant: Thonet
Tubes d'acier chromé, tissu fil glacé
83,7 x 49 x 64,5
Designsammlung Ludewig, Berlin

28 Fauteuil à accoudoirs B 34, 1928
(1re version)
Fabricant: Thonet
Tubes d'acier chromé, tissu fil glacé
Accoudoirs en bois noirci et laqué
81,5 x 53 x 63,6
BHA

29 Fauteuil d'enfant à accoudoirs B 34 1/2, 1929
(2e version)
Fabricant: Thonet
Tubes d'acier chromé, tissu fil glacé
Accoudoirs en bois laqué rouge
65 x 40,5 x 50
Designsammlung Ludewig, Berlin

30 Chaise B 32, 1928
Fabricant: Thonet
Tubes d'acier chromé, cadre bois recourbé, cannage rotin
82 x 46 x 56
Designsammlung Ludewig, Berlin

31 Fauteuil à accoudoirs B 64, 1928
Fabricant: Thonet
Tubes d'acier chromé
Cadre bois recourbé, cannage rotin
Accoudoirs en bois teinté
82 x 61,5 x 58,5; mesures avec parties en bois
Designsammlung Ludewig, Berlin

32 Desserte avec tablette intermédiaire B 12, 1928
Fabricant: Thonet
Tubes d'acier chromé, panneau latté laqué noir
60 x 76 x 39,5; largeur du châssis en tubes: 66
Designsammlung Ludewig, Berlin

33 Regal B 22, 1928
Herst.: Thonet
Stahlrohr verchromt
Tischlerplatte schwarz lackiert
75,5 x 85 x 34,5; Rohrgestellbreite: 75
BHA

34 Armlehnsessel B 35, 1928/29
Herst.: Thonet
Stahlrohr verchromt, Eisengarnbespannung
Holzarmlehnen schwarz poliert
84 x 60,5 x 81
Designsammlung Ludewig, Berlin

35 Armlehnsessel KS 41, 1929
Herst.: DESTA, ab 1932 Thonet
Stahlrohr verchromt, Eisengarnbespannung
Schwarze Kunststoffarmlehnen
53,5 x 58 x 70
Designsammlung Ludewig, Berlin
Der KS 41 von der Firma DESTA ist eine Sesselvariante des
B 34. Den Entwurf hat sich Anton Lorenz, der Geschäfts-
führer, selbst zugeschrieben.

36 Schrank, 1927
Holzlatten-Skelett, Sperrholzplatten mit Schleiflack,
vernickelte Metall-Winkelprofile
145 x 120 x 60
BHA
Breuer entwickelte diese äußerst leichten Korpusmöbel
bereits 1927, z. B. für die Einrichtung Piscator. DESTA und
Thonet haben diese mit Metallwinkelprofilen gefaßten Kor-
pusmöbel in vielen Varianten übernommen. Diesen
Schrank hat Thonet nur kurze Zeit als B 16 produziert.

37 Beistelltisch B 23, 1928
(1. Version)
Herst.: Thonet
Stahlrohr verchromt, Glasplatten, Gummimuffen
74,2 x 53,5 x 53
Glasplatte: 70 x 48,5
Designsammlung Ludewig, Berlin

38 Tisch B 14, 1928
Herst.: Thonet
Stahlrohrbeine vernickelt, Tischlerplatte mit aufgedoppel-
ter Umrahmung, Ahorn furniert
74,5 x 120 x 90,5
BHA
Dieser Tisch stammt aus der Einrichtung Kurt Lewin, Berlin,
1930. Das Tischprogramm war vielseitig: sowohl in der
Höhe wie in den Tischplattenmaßen und Oberflächen.

39 Teewagen B 54, 1932
2. Version (nicht Breuer)
Herst.: Thonet
Stahlrohr vernickelt, Sperrholzplatten kunststoffbeschich-
tet, (ursprünglich lackiert)
85,3 x 86 x 41,5
BHA
Der B 54 war sowohl mit Speichenrädern wie mit Voll-
metallrädern lieferbar. Der B 54/4 ist eine Änderung von
Thonet; so hat der Servierwagen jetzt vorne 2 Räder.

40 Tisch B 19, 1928
2. Version
Herst.: Thonet
Stahlrohr verchromt, Glasplatte, Gummimuffen
69,7 x 130 x 70
Glasplatte: 140 x 70
Designsammlung Ludewig, Berlin
Das Tischprogramm war vielseitig: sowohl in der Höhe wie
in den Größenmaßen.

41 Schreibmaschinentisch B 21, 1928
Herst.: Thonet
Stahlrohr verchromt, Tischlerplatten, schwarz lackiert
69 x 99 x 45,6; Rohrgestellbreite 83,3
Maße mit Holzteilen
Designsammlung Ludewig, Berlin

42 Schreibtisch B 65, 1929/30
Herst.: Thonet
Stahlrohr verchromt, Tischlerplatten schwarz lackiert,
Kunststoffgriffe
75 x 147 x 77,5
Designsammlung Ludewig, Berlin

Wood-core plywood, painted black
60 x 76 x 39.5; width of tubular frame: 66
Designsammlung Ludewig, Berlin

33 Shelves B 22, 1928
Manufactured by Thonet
Chrome-plated tubular steel
Wood-core plywood, painted black
75.5 x 85 x 34.5; width of tubular frame: 75
BHA

34 Armchair B 35, 1928/29
Manufactured by Thonet
Chrome-plated tubular steel, steel-thread seat and back
Black polished wooden arms
84 x 60.5 x 81
Designsammlung Ludewig

35 Armchair KS 41, 1929
Manufactured by DESTA, from 1932 by Thonet
Chrome-plated tubular steel, steel-thread seat and back
Black plastic arms
53.5 x 58 x 70
Designsammlung Ludewig, Berlin
The KS 41 from DESTA is a variation on the B 34. The firm's
managing director, Anton Lorenz, claimed the design for
himself.

36 Cupboard, 1927
Wooden lath skeleton, varnished plywood
Nickel-plated metal corner elements
145 x 120 x 60
BHA
Breuer designed this extraordinarily lightweight piece as
early as 1927, e.g. for the furnishings of the Piscator household. DESTA and Thonet took over this cupboard with its
metal corner elements in numerous variations. This one
was produced for only a short time by Thonet as its B 16.

37 Side-table B 23, 1928
(1st version)
Manufactured by Thonet
Chrome-plated tubular steel, glass plates, rubber sleeves
74.2 x 53.5 x 53
Glass top: 70 x 48.5
Designsammlung Ludewig, Berlin

38 Table, B 14, 1928
Manufactured by Thonet
Legs: nickel-plated tubular steel
Top: wood-core plywood, rim in double thickness, maple
veneer
74.5 x 120 x 90.5
BHA
This table was part of the furnishings of the Kurt Lewin
household, Berlin, 1930. The range of tables was highly
varied, both in respect of height and in the dimensions and
finish of the tops.

39 Tea-trolley B 54, 1932
(2nd version, not by Breuer)
Manufactured by Thonet
Nickel-plated tubular steel
Plastic-coated plywood (originally painted)
85.3 x 86 x 41.5
BHA
The B 54 was available both with spoked wheels and with
solid metal wheels. The B 54/4 is a variation by Thonet, with
two wheels at the front.

40 Table B 19, 1928
2nd version
Manufactured by Thonet
Nickel-plated tubular steel, glass plate, rubber sleeves
69.7 x 130 x 70
Glass plate: 140 x 70
Designsammlung Ludewig, Berlin
The range of tables was highly varied, both in respect of
height and in the other dimensions.

41 Typewriter table B 21, 1928
Manufactured by Thonet
Chrome-plated tubular steel
Black painted wood-core plywood
69 x 99 x 45.6; width of tubular frame: 83.3
Dimensions include wooden parts
Designsammlung Ludewig, Berlin

33 Rayonnages B 22, 1928
Fabricant: Thonet
Tubes d'acier chromé, panneau latté laqué noir
75,5 x 85 x 34,5; largeur du châssis en tubes: 75
BHA

34 Fauteuil à accoudoirs B 35, 1928/29
Fabricant: Thonet
Tubes d'acier chromé, tissu fil glacé
Accoudoirs en bois laqué noir
84 x 60,5 x 81
Designsammlung Ludewig, Berlin

35 Fauteuil à accoudoirs KS 41, 1929
Fabricant: DESTA, à partir de 1932 Thonet
Tubes d'acier chromé
Tissu fil glacé
Accoudoirs en plastique noir
53,5 x 58 x 70
Designsammlung Ludewig, Berlin
Le KS 41 de la firme Desta est une variante du fauteuil B 34.
Anton Lorenz, le gérant, s'est attribué la paternité du projet.

36 Armoire, 1927
Ossature en lattes de bois
Panneaux en contreplaqué avec vernis à poncer
Cornières en métal nickelé
145 x 120 x 60
BHA
Breuer a développé ces corps de meubles extrêmement
légers à partir de 1927, par exemple pour l'ameublement
Piscator. DESTA et Thonet ont repris ces corps de meubles
montés avec des cornières métalliques dans de
nombreuses variantes. Thonet a seulement produit cette
armoire comme B 16 pendant quelque temps.

37 Desserte B 23, 1928
(1re version)
Fabricant: Thonet
Tubes d'acier chromé, plaque de verre, manchons en caout-
chouc
74, 2 x 53,5 x 53
Plaque de verre: 70 x 48,5
Designsammlung Ludewig, Berlin

38 Table B 14, 1928
Fabricant: Thonet
Pieds en tubes d'acier nickelé
Panneau latté avec cadrage à recouvrement
Placage érable
74,5 x 120 x 90,5
BHA
Cette table vient de l'ameublement Kurt Lewin, Berlin,
1930. Le programme de tables était varié: aussi bien dans la
hauteur que dans les masses des panneaux lattés et les
surfaces.

39 Table roulante B 54, 1932
2e version (pas de Breuer)
Fabricant: Thonet
Panneaux en contreplaqué avec revêtement aux résines
synthétiques (laqués à l'origine)
85,3 x 86 x 41,5
BHA
La B 54 était non seulement livrable avec des roues à
rayons, mais aussi avec des roues pleines en métal. La
B 54/4 est une modification de Thonet; la table roulante a
alors deux roues à l'avant.

40 Table B 19, 1928
(2e version)
Fabricant: Thonet
Tubes d'acier chromé
Plaque de verre, manchons en caoutchouc
69,7 x 130 x 70
Plaque de verre: 140 x 70
Designsammlung Ludewig, Berlin
Le programme de tables était varié: aussi bien dans la
hauteur que dans les dimensions des masses.

41 Bureau de dactylographe B 21, 1928
Fabricant: Thonet
Tubes d'acier chromé, panneaux lattés, laqués noir
69 x 99 x 45,6; largeur du châssis en tubes: 83,3
Dimensions avec les parties en bois
Designsammlung Ludewig, Berlin

Der Schreibtisch B 65 ist eine Weiterentwicklung von Thonet, die eindeutig auf dem Schreibmaschinentisch B 21 von Breuer beruht. Thonet hat in den Prospekten den B 65 als Breuer-Entwurf offeriert.

43 Armlehnsessel mit verstellbarer Rückenlehne, B 25, 1928/29
Herst.: Thonet
Stahlrohr verchromt, Schraubenfedern verchromt, Rohrgeflecht
Holzarmlehnen schwarz poliert
107 x 60 x 100
Die Maße beziehen sich auf die höchste bzw. tiefste Stellung.
Designsammlung Ludewig, Berlin

44 Tisch B 18, 1928
(1. Version)
Herst.: Thonet
Stahlrohr verchromt, Glasplatte, Gummimuffen
59 x 69,5 x 50
Glasplatte: 80 cm, 8–10 mm stark/75 x 55
Designsammlung Ludewig, Berlin

45 Armlehnstuhl B 55, 1928/29
Herst.: Thonet
Stahlrohr verchromt, Eisengarnbespannung
Holzarmlehnen schwarz poliert
87,8 x 51,8 x 63
Designsammlung Ludewig, Berlin

46 Tisch B 27, 1928
Herst.: Thonet
Stahlrohr verchromt, Glasplatte, Gummimuffen
60 x 50 x 50
Glasplatte: ∅ 80 cm, 8–10 mm stark
Galerie Fiedler, Köln

47 Armlehnstuhl B 46, 1928/29
Herst.: Thonet
Stahlrohr verchromt, Eisengarnbespannung
Holzarmlehnen schwarz poliert
84,5 x 52,5 x 63
Designsammlung Ludewig, Berlin

48 Sitzbank, 1930/31
Stahlrohr und Flachstahl verchromt
Polster mit Stoffbezügen/Leder
85 x 170 x 80
Re-Edition Tecta, ab 1985

49 Verstellbarer Armlehnsessel, 1931/32
Herst.: Metz & Co., Amsterdam
Stahlrohr verchromt, Eisengarnbespannung
Schwarze Kunststoffarmlehnen, Gummimuffen
80,5 x 53,8 x 79
Die Maße beziehen sich auf die höchste bzw. tiefste Stellung.
BHA

50 Liegesessel, 1932/34
Herst.: Embru, Rüti
Aluminium, Holzarmlehnen
73,5 x 59,5 x 120
Fischer Fine Art, London
Exemplar in Ausstellung:
Museum für Kunst und Gewerbe, Stiftung zur Förderung der Hamburger Kunstsammlungen, Hamburg

51 Armlehnsessel, 1932/34
Herst.: Embru, Rüti
Aluminium
Holzarmlehnen, Sitz und Rücken Holzlatten
71 x 56,5 x 84
The Museum of Modern Art, New York, Gift of the Designer
Exemplar in Ausstellung: Victoria and Albert Museum, London

52 Stuhl, 1932/34
Herst.: Embru, Rüti
Aluminium, Sitz- und Rückenlehne Sperrholz
74 x 41,7 x 45
Sammlung R.U.F.

53 Hängesideboard, 1935/36
aus der Einrichtung Smith, London
Birkenholz, schwarzes Opakglas

42 Writing-desk B 65, 1929/30
Manufactured by Thonet
Chrome-plated tubular steel
Black painted wood-core plywood
Plastic drawer-handles
75 x 147 x 77.5
Designsammlung Ludewig, Berlin
The B 65 desk represents a further development on the part of Thonet, which is clearly based on the B 21 typewriter table by Breuer. In their brochures, Thonet advertised the B 65 as a Breuer design.

43 Armchair with adjustable back, B 25, 1928/29
Manufactured by Thonet
Chrome-plated tubular steel, chrome plated springs, cane
Black polished wooden arms
107 x 60 x 100
The dimensions relate to the highest and lowest settings
Designsammlung Ludewig, Berlin

44 Table B 18, 1928
(1st version)
Manufactured by Thonet
Chrome-plated tubular steel, glass plate, rubber sleeves
59 x 69.5 x 50
Glass plate: ∅ 80, thickness 0.8–1.0/75 x 55
Designsammlung Ludewig, Berlin

45 Armchair B 55, 1928/29
Manufactured by Thonet
Chrome-plated tubular steel, steel-thread seat and back
Black polished wooden arms
87.8 x 51.8 x 63
Designsammlung Ludewig, Berlin

46 Table B 27, 1928
Manufactured by Thonet
Chrome-plated tubular steel, glass plate, rubber sleeves
60 x 50 x 50
Glass plate: ∅ 80, thickness 0.8–1.0
Galerie Fiedler, Cologne

47 Armchair B 46, 1928/29
Manufactured by Thonet
Chrome-plated tubular steel
Steel-thread seat and back
Black polished wooden arms
84.5 x 52.5 x 63
Designsammlung Ludewig, Berlin

48 Bench, 1930/31
Chrome-plated tubular steel and steel plate
Cloth- and leather-covered upholstery
85 x 170 x 80
Re-edition by Tecta, from 1985

49 Adjustable armchair, 1931/32
Manufactured by Metz & Co., Amsterdam
Chrome-plated tubular steel, steel-thread seat and back
Black plastic arms, rubber sleeves
80.5 x 53.8 x 79
The dimensions relate to the highest and lowest settings
BHA

50 Chaise-longue, 1932/34
Manufactured by Embru, Rüti
Aluminium
Wooden arms
73.5 x 59.5 x 120
Fischer Fine Art, London
An example on show at:
Museum für Kunst und Gewerbe, Stiftung zur Förderung der Hamburger Kunstsammlungen, Hamburg

51 Armchair, 1932/34
Manufactured by Embru, Rüti
Aluminium, wooden arms; seat and back, wooden slats
71 x 56.5 x 84
The Museum of Modern Art, New York, Gift of the Designer
An example on show at: Victoria and Albert Museum, London

52 Chair, 1932/34
Manufactured by Embru, Rüti
Aluminium, seat and back, plywood
74 x 41.7 x 45
Sammlung R.U.F.

42 Bureau B 65, 1929/30
Fabricant: Thonet
Tubes d'acier chromé, panneaux lattés laqués noir
Poignées plastique
75 x 147 x 77,5
Designsammlung Ludewig, Berlin
Le bureau B 65 est un perfectionnement technique de Thonet qui s'appuie clairement sur le bureau de dactylographe B 21 de Breuer. Thonet a présenté le B 65 comme projet de Breuer dans les prospectus.

43 Fauteuil à accoudoirs avec dossier réglable, B 25, 1928/29
Fabricant: Thonet
Tubes d'acier chromé, ressorts cylindriques chromés, cannage
Accoudoirs en bois noirci et poli
107 x 60 x 100
Les dimensions se réfèrent à la position la plus haute ou bien la plus basse.
Designsammlung Ludewig, Berlin

44 Table B 18, 1928
(1re version)
Fabricant: Thonet
Tubes d'acier chromé, plaque de verre, manchons de caoutchouc
59 x 69,5 x 50
Plaque de verre: 80 cm diam., 8–10 mm épaisseur/75 x 55
Designsammlung Ludewig, Berlin

45 Fauteuil à accoudoirs B 55, 1928/29
Fabricant: Thonet
Tubes d'acier chromé, tissu fil glacé
Accoudoirs en bois noirci et poli
87,8 x 51,8 x 63
Designsammlung Ludewig, Berlin

46 Table B 27, 1928
Fabricant: Thonet
Tubes d'acier chromé
Plaque de verre, manchons de caoutchouc
60 x 50 x 50
Plaque de verre: 80 cm diam., 8–10 mm épaisseur
Galerie Fiedler, Cologne

47 Fauteuil à accoudoirs B 46, 1928/29
Fabricant: Thonet
Tubes d'acier chromé, tissu fil glacé
Accoudoirs en bois noirci et poli
84,5 x 52,5 x 63
Designsammlung Ludewig, Berlin

48 Banquette rembourrée, 1930/31
Tubes d'acier et acier plat chromé
Rembourrage avec revêtement tissu/cuir
85 x 170 x 80
Réédition Tecta, à partir de 1985

49 Fauteuil à accoudoirs réglable, 1931/32
Fabricant: Metz & Co., Amsterdam
Tubes d'acier chromé, tissu fil glacé
Accoudoirs en plastique noir, manchons en caoutchouc
80,5 x 53,8 x 79
Les dimensions se réfèrent à la position la plus haute ou bien la plus basse.
BHA

50 Fauteuil de relaxation, 1932/34
Fabricant: Embru, Rüti
Aluminium, accoudoirs en bois
73,5 x 59,5 x 120
Fischer Fine Art, Londres
Exemplaire exposé:
Museum für Kunst und Gewerbe, Stiftung zur Förderung der Hamburger Kunstsammlungen, Hambourg

51 Fauteuil à accoudoirs, 1932/34
Fabricant: Embru, Rüti
Aluminium, accoudoirs en bois, siège et dossier en lattes de bois
71 x 56,5 x 84
The Museum of Modern Art, New York, don du designer.
Exemplaire exposé: Victoria and Albert Museum, Londres

52 Chaise, 1932/34
Fabricant: Embru, Rüti

45,8 x 180,7 x 31,5, Gesamtlänge 361,4
Unikat
Designsammlung Ludewig, Berlin

54 Liegesessel, 1935/36
Herst.: Isokon
Laminiertes Holz, Sperrholz
79,5 x 61,8 x 130,7
Designsammlung Ludewig, Berlin

55 3-Satztisch, 1936
Herst.: Isokon
Sperrholz lackiert
37,6 x 46 x 60,9; 35,6 x 42,5 x 60,9; 33,6 x 38,6 x 60,9
Die Neue Sammlung, Staatliches Museum für angewandte
Kunst, München

56 Armlehnsessel, 1936
Herst.: Isokon
Laminiertes Holz, Sperrholz
73,6 x 61,8 x 106,8
Die Neue Sammlung, Staatliches Museum für angewandte
Kunst, München

57 Stuhl, 1948
International Competition for low-cost furniture
The Museum of Modern Art,
Cut-out plywood, Rohrgeflecht
81,3 x 51 x 45,1
The Museum of Modern Art, New York, Gift of the Designer

58 Modell, 1951
Caesar, Wochenendhaus
Lakeville (CN)
verschiedene Materialien
Grundplatte: 41,5 x 42,5
Haus: 23,4 x 20,3
Maßstab 1 : 50
BHA

53 Hanging sideboard, 1935/36
from the furnishings of the Smith household, London
Birch, black opaque glass
45.8 x 180.7 x 31.5, total length 361.4
one-off item
Designsammlung Ludewig, Berlin

54 Chaise-longue, 1935/36
Manufactured by Isokon
Laminated wood, plywood
79.5 x 61.8 x 130.7
Designsammlung Ludewig, Berlin

55 Nest of three tables, 1936
Manufactured by Isokon
Painted plywood
37.6 x 46 x 60.9; 35.6 x 42.5 x 60.9; 33.6 x 38.6 x 60.9
Die Neue Sammlung, Staatliches Museum für angewandte
Kunst, Munich

56 Armchair, 1936
Manufactured by Isokon
Laminated wood, plywood
73.6 x 61.8 x 106.8
Die Neue Sammlung, Staatliches Museum für angewandte
Kunst, Munich

57 Chair, 1948
International Competition for Low-Cost Furniture
The Museum of Modern Art,
Cut-out plywood, cane
81.3 x 51 x 45.1
The Museum of Modern Art, New York, Gift of the Designer

58 Model, 1951
Caesar weekend house
Lakeville (CN)
Various materials
Base: 41.5 x 42.5
House: 23.4 x 20.3
Scale: 1 : 50
BHA

Aluminium, siège et dossier en contreplaqué
74 x 41,7 x 45
Collection R.U.F.

53 Buffet suspendu, 1935/36
Ameublement Smith, Londres
Bouleau, verre opaque noir
45,8 x 180,7 x 31,5 longueur totale 361,4
Pièce unique
Designsammlung Ludewig, Berlin

54 Fauteuil de relaxation, 1935/36
Fabricant: Isokon
Bois laminé, contreplaqué
79,5 x 61,8 x 130,7
Designsammlung Ludewig, Berlin

55 Série de trois tables, 1936
Fabricant: Isokon
Contreplaqué laqué
37,6 x 46 x 60,9; 35,6 x 42,5 x 60,9; 33,6 x 38,6 x 60,9
Die Neue Sammlung, Staatliches Museum für angewandte
Kunst, Munich

56 Fauteuil à accoudoirs, 1936
Fabricant: Isokon
Bois laminé, contreplaqué
73,6 x 61,8 x 106,8
Die Neue Sammlung, Staatliches Museum für angewandte
Kunst, Munich

57 Chaise, 1948
International Competition for low-cost furniture
The Museum of Modern Art,
Contreplaqué, cannage
81,3 x 51 x 45,1
The Museum of Modern Art, New York, don du designer

58 Maquette, 1951
Caesar, maison de week-end
Lakeville (CN)
Divers matériaux
Socle: 41,5 x 42,5
Maison: 23,4 x 20,3
Echelle 1 : 50
BHA

Bei Objekten (vom Möbel bis zum Dokument) ist zuerst der Besitzer, dann der Fotograf angegeben; bei (historischen) Fotos zuerst der Fotograf, dann der Besitzer des Fotos. Bauhaus-Archiv, Berlin = BHA. Wenn der Fotograf unbekannt ist, wird er nicht genannt.

For all objects, from furniture to documents, the owner is named first, then the photographer. In the case of (historical) photographs, the name of the photographer precedes that of the owner. BHA = Bauhaus-Archiv, Berlin. If the photographer is unknown, no mention is made of the fact.

Pour les projets (du meuble au document), le propriétaire est mentionné d'abord, le photographe ensuite; pour les photos (historiques), le photographe d'abord, le propriétaire des photos ensuite. Bauhaus-Archiv, Berlin = BHA. Quand le photographe est inconnu, il n'y a pas de mention.